GABY NATALE

EL Círculo VIRTUOSO

HarperCollins *Español*

Editora en Jefe: *Graciela Lelli*
Edición: *Juan Carlos Martín Cobano*
Diseño: *Grupo Nivel Uno, Inc*

ISBN: 978-0-71809-595-6

Impreso en Estados Unidos de América
17 18 19 20 21 DCI 6 5 4 3 2

Dedicatoria

A Andy, mi gran amor y compañero de aventuras desde hace quince años. Cada vuelta en *El Círculo Virtuoso* es más bella porque la doy de tu mano.

A Roberto, Cristina, Alejandro y Francisco por darme los cimientos que me permitieron soñar.

A los soñadores rebeldes que tienen el atrevimiento de animarse a ver más allá de lo aparente.

Contenido

Prefacio

El *Círculo* Virtuoso es un libro para los soñadores, los *rebeldes de corazón* que ven más allá de las circunstancias que los rodean, aquellos que sospechan que algo maravilloso está esperándolos, pero aún no se han animado a dar ese primer paso que los lleve a su nuevo destino.

¿Por qué algunas personas que parecen tenerlo todo a su favor se quedan a mitad de camino y otros que han nacido en circunstancias adversas logran alcanzar cualquier objetivo que se proponen? Esta es la pregunta que me llevó a escribir *El Círculo Virtuoso* tras diez años de entrevistas con grandes personalidades y «campeones» de diferentes disciplinas.

Aquí encontrarás herramientas de superación, historias personales y testimonios de figuras internacionales —como Deepak Chopra y Carlos Santana— que revelan el asombroso poder del entusiasmo a la hora de trasformar vidas.

Si sientes que tienes dentro de ti un tesoro por explorar y estás cansado de que tus miedos te impidan desplegar tus alas y compartirlo con el mundo, deja de dar vueltas en el mismo lugar… ¡y súbete a *El Círculo Virtuoso*!

Introducción

HACIENDO LAS PACES CON LA INCERTIDUMBRE

¿Realmente sabes lo que eres?
Tú eres el manuscrito de una carta divina.
Tú eres un espejo reflejando una cara noble.
Este universo no está afuera de ti.
Mira dentro de ti,
todo lo que deseas,
realmente ya lo eres.

—RUMI

Este libro comenzó con un pequeño acto de valentía que fue recompensado por el universo. *El Círculo Virtuoso* es resultado de una increíble cadena de sucesos que desataron un efecto dominó y solo pueden explicarse como una obra del destino.

La primera ficha de este domino cayó una noche lluviosa de invierno en la forma de una revelación.

Cada diciembre me gusta hacer un ejercicio. Cierro los ojos, reflexiono sobre el año que se acaba, y comienzo a visualizar el que está por comenzar. Pienso qué puedo hacer para que el año próximo sea mejor que el que se va. Esta es una práctica que me ayuda a tener más claridad sobre lo vivido y me recuerda que estoy frente a una hoja en blanco en la que puedo reescribir mi historia.

Como comunicadora, he entrevistado a cientos de personas y sé por experiencia propia que las mejores conversaciones ocurren cuando mi invitado se olvida de la cámara y habla con el corazón abierto. Sin poses, sin libretos y con honestidad brutal. Así fue como ese día yo también hablé conmigo misma.

Al reflexionar sobre el año que estaba llegando a su fin, descubrí algo que no me gustó: me percaté de que en los últimos trescientos sesenta y cinco días no había salido de mi zona de confort. Me había mantenido más o menos yendo a lo seguro. Se hizo evidente que —a fin de seguir creciendo en el año siguiente— necesitaba darme permiso para asumir más riesgos y avanzar más allá de lo conocido. Precisaba hacer algo aterrador: abandonar el lugar de una persona que solo hace preguntas para buscar yo también mis propias respuestas. Necesitaba compartir mi historia.

Tac... había caído la primera ficha del dominó, y sin que yo lo supiera ya estaba comenzando a escribir un nuevo capítulo de mi vida.

Los días pasaron y comenzaron las carreras típicas del mes de diciembre: llegaron mi suegra Marta y mi hermano Francisco de visita, planeamos juntos el menú festivo a base de pura pasta casera, y disfrutamos de todos los reencuentros de la temporada. Por algunos días casi no tuve oportunidad de continuar reflexionando sobre la revelación que había tenido al hacer el ejercicio de fin de año.

Sin embargo, el 21 de diciembre llegó a mi casilla un correo que me pondría a prueba. Sepultado entre todos los mensajes de fin de año, encontré un correo electrónico que llamó mi atención. Anunciaba que ese era el último día para presentarse en un concurso llamado *StoryTellers* [Narradores de historias] organizado por YouTube.

La consigna del concurso era simple: había que mandar un vídeo de dos minutos contando una historia de tu vida. Los organizadores del certamen elegirían cinco de esas historias y los ganadores tendrían la posibilidad de compartirla frente a un público en vivo durante una conferencia en Los Ángeles.

Un detalle más llamó mi atención. El nombre de la conferencia era por demás sugestivo: *WeAllGrow* [Todos crecemos]. Eso era justo lo que yo me había propuesto hacer al año siguiente. ¿Sería una coincidencia?

Algo muy adentro de mí me dijo que debía dejar a un lado cualquier prejuicio y presentarme al concurso. Era la voz del entusiasmo que insistía una y otra vez como un tábano molesto en que registrarme al concurso sería una idea genial.

Hace tiempo tienes ganas de enfrentar un desafío así. Es una oportunidad de experimentar algo nuevo. Esto no será como cuando haces una entrevista en el show o conduces un evento como maestra de ceremonias. Aquí no hay guión preestablecido ni un tema del día. No hay un contenido correcto o incorrecto. Se trata de la historia de tu vida.

Y mientras la voz del entusiasmo intentaba seducirme, mi mente estaba llena de prejuicios y me daba mil razones por las que no debía hacerlo.

¡Qué ridiculez! ¿Por qué una profesional se va a exponer a contar experiencias de su vida que la pueden avergonzar? ¿Qué ganas con presentarte a un concurso que ni siquiera es de periodismo? ¿Qué es eso de subirse a un escenario a contar tu vida? ¡Si te pones nerviosa y lo haces mal vas a quedar como una principiante! ¡Destrozarás en cinco minutos una reputación que te llevó años construir, y ahí sí que tendrás una historia para contar!

Y así, con una guerra teniendo lugar entre la voz del entusiasmo y la voz del miedo que me hablaban como en estéreo, me pasé todo el 21 de diciembre hasta que llegó la noche. Ese era el día en que mi esposo Andy y yo celebrábamos el aniversario número catorce de nuestro primer beso y teníamos reservaciones para ir a comer a un restaurante.

A las siete y media de la noche, cuando bajé las escaleras de mi casa para salir a cenar, caí en la cuenta de que era *ahora o nunca*. O grababa el vídeo del concurso en ese momento o dejaba pasar la oportunidad por no haberme animado. Me acordé del ejercicio de fin de año y no quise que el miedo decidiera por mí.

Así que le pedí a mi marido que tomara mi teléfono y me grabara. Le advertí que iba a mandar lo que quedara capturado en la primera toma. Sin pensarlo mucho, hablé durante tres minutos frente a la cámara y mandé el vídeo antes de salir rumbo al restaurante.

Tac... había caído la segunda ficha del dominó y el destino de este libro que hoy estás leyendo comenzaba a gestarse.

Las fiestas de fin de año pasaron sin sobresaltos y la primera semana de enero retomé mi trabajo tras el breve receso de año nuevo. La rutina laboral volvía a la normalidad con reuniones, grabaciones, propuestas, guiones y más o menos lo mismo de siempre.

De pronto, una llamada interrumpió el bullicio de la oficina. ¡Eran los organizadores del concurso *StoryTellers* y me informaban que había sido elegida entre los ganadores! ¡Qué emoción! En dos meses estaría frente a una audiencia en vivo y tendría la posibilidad de compartir con todos alguna historia personal de mi vida.

Esta vez no iría a lo seguro. En lugar de hablar de las alfombras rojas, las celebridades que he entrevistado o las satisfacciones que he disfrutado en mi carrera, decidí remontarme hacia atrás en el tiempo. Tomé la decisión de contar por primera vez y con lujo de detalles uno de los momentos más vulnerables de mi vida. Hablaría del año y medio que pasé desempleada en Argentina justo al terminar mis estudios.

Durante las semanas siguientes, el fondo de mi casa se convirtió en mi campo de entrenamiento. Cada fin de semana me sentaba con mi mate y una libreta. Anotaba frases, ideas e historias que pudieran servir para mi discurso.

El próximo paso fue ensayar en voz alta. Estoy segura de que verme dar un discurso vehemente con los árboles del jardín como mi público era una escena digna de un hospital psiquiátrico. No obstante, por suerte, tengo vecinos muy discretos (¡o muy sordos!) y no llamaron al 911 para denunciarme por loca.

Lo último que hice antes de subirme al avión rumbo a Los Ángeles fue tomar a Andy de rehén durante varias horas a fin de que escuchara cada pequeño cambio de último momento que le había hecho al relato. Practicar una y otra vez siempre me ha hecho sentir más segura. ¡Creo que el santo de mi marido se ganó el cielo ese día, porque cuando me marché hasta él se sabía el discurso de memoria!

Mientras viajaba en el avión hacia Los Ángeles, no sospechaba que del otro lado del país una misteriosa desconocida que marcaría mi destino estaba haciendo lo mismo. Muy pronto, nuestros caminos se cruzarían.

Al llegar a Los Ángeles, me encontré con los organizadores del evento. Descubrí que *StoryTellers* sería el «broche final» de toda la conferencia *WeAllGrow* y que se llevaría a cabo en el salón más grande de todo el hotel. Me explicaron que cientos de personas esperaban este evento de cierre y que tenían algo más que decirme: de todas las ganadoras, me habían asignado a mí la responsabilidad de ser la primera en subir al escenario y darle inicio a la actividad.

Se me hizo un nudo en el estómago.

Aquí quiero hacer una aclaración: bajo circunstancias normales, nada de esto hubiera sido atemorizante. He trabajado en la televisión y realizado eventos en vivo durante años, con frecuencia me toca ser maestra de ceremonias en galas o entregas de premios, he conducido noticieros, reportado desde el lugar de la noticia, y hace casi diez años que tengo mi propio show de entrevistas. Sin embargo, esto resultaba diferente. En esta ocasión, a diferencia de todas las anteriores, la «noticia» era mi propia vida. Y eso cambiaba todo para mí.

Esa noche al irme a dormir, la voz de mis miedos volvió al ataque con su monólogo incesante.

¿Quién te crees que eres para que otros escuchen tu historia? ¿Qué van a pensar tus colegas o tu público cuando sepan más acerca de tus inicios? Tú solita te metiste en este lío. ¿Quién te manda a exponerte así sin motivo?

Mis miedos estaban haciendo un último y desesperado intento a fin de hacerme renunciar. Me puse la almohada en la cabeza como si así pudiera acallarlos y me quedé dormida.

Al día siguiente, el eco de mis miedos persistía en mi cabeza.

¿Sería yo lo suficiente buena como oradora? ¿Sería mi historia bastante interesante para conectar con la audiencia? ¿Y si la mente se me quedaba en blanco y olvidaba la mitad del discurso?

Me duché, repasé mis notas y practiqué el discurso un par de veces más hasta que llegó la hora de ir al evento.

Tac... seguían cayendo las fichas del destino. Ya había llegado al hotel la enigmática desconocida que venía del otro extremo del país y se cruzaría en mi camino. Los organizadores la habían invitado y estaría en primera fila en la cena de gala de *StoryTellers*. Claro que yo ignoraba todo esto, porque no nos habíamos conocido... aún.

Coloqué las notas del discurso en mi bolso y partí rumbo al salón principal de eventos. Debía llegar al menos una hora antes del comienzo de la cena para hacer el chequeo del sonido. Como me gusta ser previsora, estaba allí unos veinte minutos antes de lo previsto.

Había llegado la hora de la verdad.

El director de escena me pidió que me sentara por un momento en una de las tantas mesas vacías del salón y que esperara unos minutos hasta que estuvieran listos. Me di cuenta de que era la primera vez en muchos días que me sentaba sola, en silencio y sin interrupciones por algunos minutos.

En lugar de seguir repasando constantemente el discurso o de preguntarme por millonésima vez qué tal me iba a salir, simplemente me detuve un segundo para mirar a mi alrededor. Y lo que vi me maravilló.

A la derecha, por los grandes ventanales del salón, se vislumbraba un atardecer majestuoso. El cielo estaba teñido de rosa y se mostraba imponente sobre el océano Pacífico. Era un espectáculo mágico, digno de admirar.

Giré mi cabeza a la izquierda y observé el salón, poniendo realmente atención por primera vez. ¡Era una belleza! El escenario tenía un panel con arreglos florales preparados especialmente para la ocasión, los candelabros de cristal colgaban desde el techo y reflejaban la luz del sol con pequeños destellos sobre los manteles. Las mesas estaban dispuestas a la perfección, y sobre cada plato había una tarjeta con una frase motivacional de las oradoras de la noche junto con un dulce. Era evidente el amor y la atención al detalle que se demostraba en cada uno de los preparativos del evento.

Y entonces me percaté de lo que verdaderamente estaba sucediendo. Me había impuesto tanta presión que estaba a punto de vivir un momento maravilloso y ni cuenta me había dado. Yo no era «una vaca que iba rumbo al matadero». Al contrario, era una persona tremendamente afortunada. Tenía el gran privilegio de poder contar con un mensaje para dar, un escenario y un público que quería escuchar lo que yo tenía que decir.

Me relajé y me inundó una gran sensación de paz. Todo este tiempo había pensado que el discurso era una prueba que debía superar. ¡Qué tonta había sido!

El discurso no era un examen. Era un regalo de la vida.

Le di gracias a Dios por la oportunidad y me dejé llevar por el entusiasmo. Decidí que iba a disfrutar a plenitud cada segundo que estuviera sobre el escenario, más allá del resultado final. *No me propuse más ser perfecta, solo cien por ciento real.*

Tac... caía una ficha clave, y aunque ninguno de nosotros lo sabíamos en ese momento, este libro comenzaba a hacerse realidad. Desde la primera fila, la desconocida de ojos negros observaba cada uno de mis pasos en silencio y con extrema atención. Muy pronto me daría a conocer su identidad.

Subí al escenario, abrí mi corazón, y comencé a compartir las historias que encontrarás en estas páginas.

En profundidad

Visita www.elcirculovirtuoso.com y disfruta de los siguientes vídeos:

- ¿Cuál fue el discurso que pronuncié frente al auditorio de *WeAllGrow* en el concurso *StoryTellers*? Encuentra en línea la grabación completa.
- ¿Quieres ver el vídeo que envíe al concurso? Con fecha del 21 de diciembre a las 7:58 p.m., verás el vídeo ORIGINAL que grabó mi esposo con mi teléfono y mandé al concurso, justo antes de irme a cenar el día de mi aniversario.

CAPÍTULO 1

¿QUÉ ES *EL CÍRCULO VIRTUOSO*?

#ElCírculoVirtuoso

«CIERRA TUS OJOS,
Abre tu mente
Y DATE PERMISO
PARA VER MÁS ALLÁ
DE LO APARENTE».

@GabyNatale

Tómale una foto y compártelo en las redes sociales usando #ElCírculoVirtuoso

P onte la mano en el corazón y pregúntate algo a ti mismo con total honestidad. ¿Qué tan lejos podrías llegar si desarrollaras tus capacidades a pleno potencial?

La única manera de averiguar la respuesta con total seguridad es comenzando el camino de la transformación personal.

El Círculo Virtuoso te propone aprender a usar tu cabeza y tus emociones a tu favor. Te desafía a que comiences la conquista más difícil y más satisfactoria: la de ti mismo.

En *El Círculo Virtuoso* encontrarás un conjunto de creencias y hábitos que aprendí de grandes personalidades y líderes que han sabido identificar, nutrir y manifestar su potencial. Son pasos simples, secuenciales y prácticos.

No se trata de que las cosas sucedan por arte de magia, sino de tener un plan que potencie las posibilidades que *ya viven* dentro de ti. No es algo así como un sortilegio o abracadabra, sino una manera de usar tu inteligencia, tus pensamientos y tus emociones para alcanzar tu potencial máximo.

Estoy convencida de que este camino al conocimiento de uno mismo y la superación personal es el capital más valioso que una persona puede tener en la vida. Y no solo es el más valioso, sino el único que nadie te puede quitar. Todo lo demás puede esfumarse sin aviso previo: las relaciones personales que apreciamos pueden desaparecer, las riquezas materiales pueden perderse y la salud puede deteriorarse.

Ni siquiera la persona más poderosa de la tierra es capaz de garantizar que tendrá un día más de vida en este planeta. Buscar controlar la incertidumbre en nuestras vidas es una batalla perdida aun antes de comenzar. La realidad es que no tenemos manera de controlar las circunstancias externas que nos rodean. Lo que sí podemos hacer es decidir cómo reaccionaremos ante ellas.

¿CÓMO SURGE LA IDEA DE *EL CÍRCULO VIRTUOSO*?

Una de las cosas que más amo de mi profesión es que te hace vivir mil vidas en una. He tenido la posibilidad de residir en cuatro países (Estados Unidos, Argentina, México e Inglaterra) y me ha tocado hacer reportajes desde lugares extraordinarios: una morgue en medio del desierto, los jardines de la Casa Blanca, un coche blindado de la patrulla fronteriza y la alfombra roja de los Grammys, por nombrar algunos ejemplos.

Sin embargo, lo que más me apasiona no son los lugares, sino la gente. Llevo más de diez años entrevistando a través de mi programa de televisión *SuperLatina* a grandes personalidades que han logrado desarrollar su potencial de manera extraordinaria.

He tenido la posibilidad de conocer a deportistas de alto rendimiento, artistas de renombre, grandes pensadores y líderes globales. En mi programa han compartido su camino al éxito desde Deepak Chopra hasta Carlos Santana, y desde campeones mundiales de boxeo hasta Emilio Estefan y Enrique Iglesias.

También me he maravillado con las historias de los héroes anónimos que han logrado salir adelante tras sobrevivir experiencias inimaginables como catástrofes naturales, tráfico humano o conflictos bélicos. Siento una fascinación especial por las personas que contra todos los pronósticos logran cosas realmente increíbles. Esos testimonios, junto con mi propia experiencia personal, conforman la materia prima de *El Círculo Virtuoso*.

Este libro comenzó a gestarse en mi mente cuando después de años de hacer entrevistas empecé a plantearme algunos interrogantes que despertaban mi curiosidad de manera excepcional.

Lo primero que me pregunté fue: *¿Hay alguna cualidad que tengan en común todas las personas extraordinarias que he conocido y entrevistado?*

La respuesta es *sí*.

A pesar de tener estilos, edades, profesiones, nacionalidades e historias diferentes, hay un hilo invisible que une a todos mis entrevistados. Las grandes personalidades y los héroes anónimos han cultivado una cualidad notable que los distingue del resto: *tienen la capacidad de ver más allá de lo aparente.*

De manera consciente o inconsciente, ellos se han dado el permiso de verse a sí mismos no solo como son, sino también como podrían ser. Y han ido incluso más allá, logrando encontrar también una manera de llevar esa visión a la realidad.

Ahora que había hallado ese hilo conductor en el camino al éxito de tantas personas extraordinarias, quise saber más: *¿Es posible agrupar esos elementos comunes y sintetizarlos en un marco de acción que sea replicable paso a paso por otras personas?*

Otra vez, la respuesta es *sí.*

El desarrollo de esta respuesta es lo que encontrarás en *El Círculo Virtuoso.* A través de los siete arquetipos que lo componen aprenderás a visualizar, planear, ejecutar, perfeccionar, perseverar, lograr e inspirar a través de tu potencial.

Tu primera vuelta en *El Círculo Virtuoso* está por comenzar. Prepárate para gozar de cada curva en el trayecto. Las instrucciones para comenzar este viaje son simples y poderosas:

El Círculo Virtuoso está compuesto por siete arquetipos que conviven dentro de nosotros mismos. Cada uno se corresponde con una acción particular y constituye una fase en sí mismo. Los siete arquetipos y sus respectivas acciones son *el soñador* (visualizar), *el arquitecto* (planear), *el hacedor* (ejecutar), *el aprendiz* (perfeccionar), *el guerrero* (perseverar), *el campeón* (lograr) y *el líder* (inspirar).

1. El soñador: la etapa del soñador es la del pensamiento y la visualización. Comienza con la posibilidad de imaginar en nuestra mente algo que todavía no está presente en la realidad. Representa la chispa que da inicio a *El Círculo Virtuoso.* Este es el momento de conectarnos con la esencia de nuestro niño interior, aquel que bailaba feliz y despreocupado, sin preguntarse qué tal le salían los pasos de baile o si su compañero de aventuras en pañales tenía mejor ritmo que él. Se trata de una oportunidad para comenzar a desaprender los condicionamientos

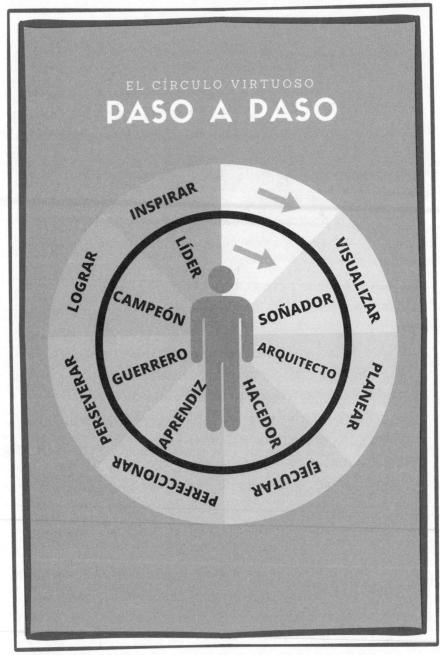

El Círculo Virtuoso: siete arquetipos que van de la idea a la ejecución.

externos y los pensamientos autolimitantes a fin de dejar volar nuestra mente y ver más allá de lo aparente.

2. El arquitecto: en esta fase se empieza a crear un mapa de acción con las ideas y conceptos que fueron creados en la etapa del soñador. Es el momento de hacer planes, evaluar opciones y analizar cuáles son las mejores maneras de llevar nuestra visión a la acción.

3. El hacedor: aquí es donde se encuentran la teoría y la realidad. El plan del arquitecto es llevado a la práctica. Representa el momento en que el mundo nos devuelve un reflejo a veces inesperado: los desafíos pueden ser mayores o diferentes a los que anticipamos, las habilidades que necesitamos tal vez no sean suficientes, o quizás subestimamos el tiempo que necesitamos para llevar a cabo nuestro sueño. Es posible que nos demos cuenta de que en ocasiones hasta los planes más «perfectos», terminan siendo «ferpectos» y necesitamos reevaluar los próximos pasos.

4. El aprendiz: es la hora del perfeccionamiento. La etapa del aprendiz representa el momento de escuchar al GPS interno que nos pide recalcular algún aspecto de nuestro camino para seguir avanzando. Ahora que ya hemos visto nuestras ideas en acción, es tiempo de hacer ajustes. En la etapa anterior (la del hacedor) vimos qué es lo que ocurre cuando comenzamos a llevar a la práctica todos los planes y las ideas del arquitecto y el soñador. Ahora, el aprendiz tiene que emprender la búsqueda de la excelencia recorriendo el camino que lo convierta en maestro. ¿Qué talentos necesitan seguir puliéndose? ¿Qué habilidades faltan por aprender para seguir avanzando? ¿Qué estrategias son las que funcionaron y cuáles son las que se necesitan cambiar?

5. El guerrero: aquí se pone a prueba el compromiso con el
    sueño. En la etapa del aprendiz perfeccionamos las habili-
    dades y ajustamos el plan de acción. Ahora es el momen-
    to de reforzar la tenacidad y la resiliencia. Tenemos las
    habilidades que necesitamos para lograr nuestro objetivo,
    pero todavía no nos ha llegado la oportunidad con la que
    soñamos. El desánimo y la sensación de injusticia por no
    haberlo logrado rondan cerca. La tentación a abandonar
    nuestros sueños resulta grande. Es la hora de los valientes,
    los audaces, aquellos que siguen adelante cuando los demás
    tiran la toalla. Llegamos a la última milla del sueño, pero
    aún no lo sabemos y nos preguntamos constantemente si
    vale la pena tanto esfuerzo. En esta etapa aprenderemos
    que sostener un sueño a través del tiempo requiere de un
    verdadero guerrero.

6. El campeón: la preparación y todo el trabajo de las etapas
    anteriores finalmente se encuentran con la oportunidad que
    tanto anhelábamos. Es el momento de los laureles, los logros
    y la consagración. Sin embargo, cuidado con el éxito, porque
    no todo lo que reluce es oro. Tras lograr el sueño el campeón
    puede perder el rumbo, sucumbir ante nuevas tentaciones y
    convertirse en un imán para las malas compañías.

7. El líder: es aquel que se ha convertido en un campeón y que
    a la vez nos inspira. El campeón logra su objetivo. El líder no
    solo lo logra, sino que va un paso más allá convirtiéndolo en
    algo más grande que sí mismo. El líder no solo obtiene triun-
    fos, también educa con su ejemplo. No todos los campeones
    son líderes, pero sí todos los líderes son campeones.

Antes de comenzar a explicar detalladamente cada uno de los
arquetipos, quiero aprovechar para hacer algunas aclaraciones sobre
la naturaleza de *El Círculo Virtuoso*.

El Círculo Virtuoso no es...

Magia: no se trata de tocar nuestra vida con una varita para que por arte de magia las soluciones lluevan del cielo. Tampoco es una receta para volverse millonario de la noche a la mañana. *El Círculo Virtuoso* no forma parte de ninguna religión o secta. Representa simplemente una manera de usar tus pensamientos para que actúen a tu favor. Y nos pide que nos comprometamos con nuestros sueños y seamos personas de acción.

El Círculo Virtuoso es...

Secuencial: los arquetipos que componen *El Círculo Virtuoso* se suceden unos a otros. A medida que vamos pasando de un arquetipo a otro, van cambiando nuestras habilidades y desafíos. Para algunas personas, habrá etapas que serán más breves y otras más extensas. Además, es importante saber que cada vez que pasamos de una etapa a la siguiente vamos sumando elementos y aprendizajes de las fases que dejamos atrás. Para convertirse en líder, la persona que transite por *El Círculo Virtuoso* antes tiene que haber sido campeón, guerrero, aprendiz, hacedor, arquitecto y soñador.

Infinito: al llegar al último arquetipo (el del líder), *El Círculo Virtuoso* no termina, sino vuelve a empezar. Pasa de ser un Círculo Virtuoso a convertirse en una Espiral Virtuosa en sentido ascendente. ¿Por qué volvemos a comenzar? Porque toda nuestra vida es una constante evolución. Nuestro paso por este planeta es como una obra de arte que nunca se encuentra completa, sino que siempre está mutando. Alcanzar una meta anhelada no es el final. Siempre estamos volviendo a empezar. Se vuelve a comenzar todo el proceso con la próxima habilidad, idea, proyecto o tarea que quieras desarrollar. Mientras estemos vivos, la rueda de la experiencia nunca termina de girar. Por eso, mientras recorres tu camino buscando tu sueño, nunca te olvides de disfrutar cada curva que te ofrece *El*

Círculo Virtuoso. Recuerda que cada final no es más que un nuevo comienzo para la próxima vuelta de esta espiral virtuosa que es tu vida.

Contagioso: cuando un área de nuestra vida se ve profundamente afectada por *El Círculo Virtuoso*, es posible que otras áreas también se vean beneficiadas. Por ejemplo, si *El Círculo Virtuoso* te permite mejorar significativamente tu salud y dejar atrás los malos hábitos, con seguridad habrá otras áreas de tu vida que también se verán afectadas de manera positiva: en el plano laboral tendrás más energía para avanzar, en el ámbito social las amistades que compartían esos malos hábitos ya no tendrán lugar en tu vida, y así por el estilo.

¿PARA QUÉ USO *EL CÍRCULO VIRTUOSO*?

Es posible usar *El Círculo Virtuoso* de la manera que tú elijas.

Este puede ser tu herramienta para lograr grandes transformaciones o pequeñas metas que hace tiempo tienes pendientes y no has podido conquistar aún. Para algunos, será el vehículo que los motive a quitarse de encima las últimas cinco libras de más. Para otros, constituirá el mapa de ruta para reinventarse y elegir una nueva profesión, comenzar un negocio, desarrollar una nueva habilidad o enfrentar alguna situación que les dé miedo.

En los próximos capítulos, exploraremos con detenimiento las diferentes fases que componen *El Círculo Virtuoso*. Verás en qué consiste cada una, cuál es la actividad que la define y cómo te puede ayudar a avanzar en la dirección de tu sueño.

En cada capítulo encontrarás algunas sugerencias prácticas para nutrir estos arquetipos en tu día a día. Además, he creado una sección llamada «En primera persona», donde compartiré contigo algunas historias de mi propia experiencia transitando *El Círculo Virtuoso*.

También he establecido un segmento llamado «La palabra autorizada», en el cual incluyo entrevistas con grandes personalidades que han compartido conmigo a través de los años su propio camino al éxito. Algunos de los testimonios que encontrarás en estos segmentos incluyen los de Deepak Chopra, Carlos Santana, Don Francisco y grandes líderes de diferentes ámbitos.

Por último, si al terminar de leer un capítulo te quedas con ganas de más, busca el recuadro «En profundidad», donde encontrarás mis recomendaciones para buscar información o contenido adicional en línea.

EL ENSŌ: ¿QUÉ SIGNIFICA EL SÍMBOLO DE *EL CÍRCULO VIRTUOSO*?

El ensō es uno de los símbolos más tradicionales de la caligrafía japonesa. Cuando lo vi, supe que ese sería el símbolo de *El Círculo Virtuoso*.

El mismo representa los ciclos, las repeticiones y el movimiento constante que rige la vida y el universo. Cuando se dibuja abierto, la abertura significa un recordatorio de que somos parte de algo más grande. También nos refiere a la belleza de la imperfección.

En la antigüedad, los monjes orientales entraban en estado de meditación para crear el ensō. Se dejaban guiar por su intuición frente al papel en blanco y esperaban el «momento perfecto» para dibujar el ensō de un solo trazo.

Lo cierto es que al igual que nuestras huellas dactilares, cada ensō es único e irrepetible. Las personas que los dibujan ven en ellos el reflejo del momento vivido y de nuestro verdadero ser.

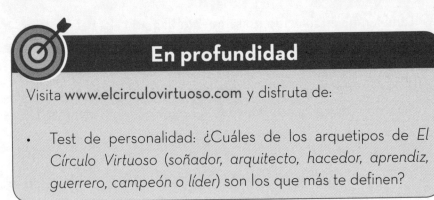

En profundidad

Visita **www.elcirculovirtuoso.com** y disfruta de:

- Test de personalidad: ¿Cuáles de los arquetipos de *El Círculo Virtuoso* (soñador, arquitecto, *hacedor, aprendiz, guerrero, campeón* o *líder*) son los que más te definen?

CAPÍTULO 2

EL SOÑADOR: VISUALIZA TU SUEÑO

El secreto de la genialidad es el de conservar el espíritu del niño hasta la vejez, lo cual quiere decir nunca perder el entusiasmo.

—ALDOUS HUXLEY

#ElCírculoVirtuoso

«CONVIERTE AL
Entusiasmo
EN TU BRÚJULA».

@GabyNatale

 Tómale una foto y compártelo en las redes sociales usando **#ElCírculoVirtuoso**

El soñador es el arquetipo que le da el puntapié inicial a *El Círculo Virtuoso*. Con él comienza a girar la rueda de la transformación personal. Él nos sumerge en el mundo de las ideas y nos pide que comencemos el proceso de ver más allá de lo aparente.

Sin embargo, el soñador no es alguien nuevo en tu vida. Ya lo conoces.

Si retrocedes en el tiempo, seguramente lo recuerdes. Tú y él fueron amigos íntimos. Se conocen desde aquel momento de tu vida en que el futuro era pura posibilidad y no te sentías ridículo gritando a los cuatro vientos que un día serías pintor, astronauta, bombero, estrella de la música o el próximo inventor de una vacuna que ayudaría a la humanidad. Era la época en que ningún sueño parecía demasiado grande o excéntrico.

Lo cierto es que eso tampoco importaba mucho entonces, porque eras un niño. Tu mente aún no cuestionaba tus deseos ni los etiquetaba como «delirios de grandeza». En tu corazón solo había sentimientos, no cálculos. No sabías si ibas a recibir un salario millonario en retribución por tu trabajo ni tampoco cuántos sacrificios encontrarías en el camino para lograr tu sueño.

Por cierto, imaginarte haciendo realidad esos sueños resultaba increíblemente fácil: tres muñecos sentados en tu habitación se transformaban al instante en los estudiantes de la clase donde eras el maestro, tu carrito viejo de juguete se convertía por arte de magia en un flamante coche de carrera donde manejabas a toda velocidad, y el espejo del baño era de repente el camarín de una primera actriz antes de salir a escena con ayuda del lápiz labial de tu mamá.

Esas visiones de ti mismo eran un resultado genuino de tu entusiasmo. Representaban la expresión de tu yo soñador en estado puro. Sucede que en esa etapa de gran ingenuidad todavía no conocíamos en detalle los mandatos sociales que nos presionarían, ni cuáles serían las expectativas familiares que habría que satisfacer, ni habían llegado aún a nuestra vida los exámenes escolares que nos etiquetarían como «buenos en esto» y «malos en aquello». Todo eso vendría después.

LA PEQUEÑA VEDETE SOÑADORA

Cuando era apenas una niña y me preguntaban qué quería ser cuando creciera, yo le decía a quién deseara saberlo que mi sueño era ser vedete. Me sentía fascinada con las primeras actrices de los espectáculos de variedades que derrochaban belleza y carisma mientras dedicaban sus días a bailar, cantar y actuar. Me parecían hadas de ensueño con sus trajes de lentejuelas y su estilo glamoroso.

El día que me gradué de preescolar hubo una pequeña ceremonia en el auditorio de mi escuela. Cuando subí al escenario a recibir el diploma, al verme allí frente a toda esa audiencia, decidí hacer lo mismo que las vedetes hacían al final de la obra, inclinando mi cuerpo y mi cabeza hacia adelante al estilo del saludo final de los artistas del teatro. ¡Qué éxtasis sentí al saludar a todos mis admiradores desde la tarima!

Se hizo un silencio, hubo un par de risas y la directora de la escuela hizo un chiste al estilo «aquí tenemos a una futura actriz». Al bajar del escenario, mis papás me recibieron entre divertidos y abochornados por mi ocurrencia infantil.

Tenía tan solo cinco años cuando ocurrió esta historia, pero aun hoy recuerdo la sensación de exaltación extrema que me provocó ese primer saludo desde la tarima. Es el recuerdo más temprano que tengo de haberme conectado con mi yo soñador.

A medida que fui creciendo, comenzaron a llegar a mi vida las obligaciones del mundo real y mis intereses cambiaron. Tenía que estudiar para aprobar mis exámenes, había compromisos familiares, y pronto descubrí que mi talento musical era muy limitado. ¡No habría para mí un futuro en el *Moulin Rouge* de París ni bailando cancán en ningún espectáculo de variedades!

Con el paso del tiempo, el sueño de ser vedete se fue esfumando, pero lo que se quedó por siempre conmigo fueron las ganas de perseguir un sueño. Mi yo soñador plantó esa semilla y hasta el día de hoy atesoro en mi interior la intensa sensación de estar viva que sentí por primera vez aquel día que saludé desde el escenario en mi graduación del preescolar.

Hay algo desprejuiciado cuando somos niños que hace que el soñador se manifieste sin miedos y que las fantasías puedan ser más libres que nunca. A los cinco años, no me pregunté cuánto dinero ganaban las vedetes, qué tan fácil sería conseguir ese trabajo, ni mucho menos si tenía condiciones —¡o conexiones!— para realizarlo. Simplemente, me dejé llevar por un sueño sin juzgarlo, exigirle una aplicación práctica, o reparar en cuál era la opinión de los demás.

Ese yo soñador que descubrimos en estado puro cuando somos niños todavía vive dentro de nosotros. No se muere cuando crecemos. A veces está escondido y su voz no se escucha. Intenta hablarte, pero con el tiempo empezamos a hacerle oídos sordos. A medida que fuimos creciendo, las voces de la lógica lo mandaron a callar, lo etiquetaron de loco, de vivir en un mundo irreal y buscar objetivos imposibles. Sin embargo, tu yo soñador aún está ahí. Búscalo. Reclámalo.

Él es quien te recuerda que la vida es una aventura que vale la pena ser explorada a fondo y que ser adultos no es excusa para entumecer nuestra curiosidad. Nos invita a probar cosas nuevas, expandir nuestros horizontes y dejar volar la imaginación. Es el que nos empuja a creer más en nosotros mismos y nuestras ideas, aunque todavía no tengamos resultados visibles que validen nuestra visión. Es quien nos invita a que huyamos de lo convencional y nos demos permiso para jugar y reinventarnos. Te acompaña cada vez que cantas a gritos solo en el auto y te guiña el ojo cuando pierdes el miedo al ridículo y te diviertes en una fiesta de disfraces.

Recuperar a tu yo soñador no se trata de convertirse en Peter Pan, olvidarse de las responsabilidades y tirar todo por la borda, sino de reconectarse con ese sentimiento de entusiasmo y posibilidades ilimitadas que tenías de niño.

Ahora, cierra los ojos y recuerda. Busca a ese yo soñador que aún vive en ti. Toma prestada de él la claridad para volver a pensar tus sueños sin prejuicios.

A veces, para avanzar con convicción hacia adelante es requisito ir primero hacia atrás.

Para pensar

- ¿Cuál es el primer recuerdo que tienes en tu memoria de tu yo soñador?
- ¿Qué sucedería en tu vida de hoy si pudieras recuperar ese sentimiento de posibilidad ilimitada que tenías mientras eras niño?
- ¿Qué cambios harías en tu vida si sintieras la misma audacia de los primeros años, cuando soñabas sin juzgar tus sueños?
- ¿Qué «verdades» del mundo desafiarías si te sintieras tan invencible como cuando eras un niño?

SEMBRANDO SUEÑOS: EL SOÑADOR Y LA LIBERTAD

El soñador es tu gran aliado para bucear en lo profundo de tu ser, comenzar a ver más allá de lo aparente y hacer que *El Círculo Virtuoso* comience a girar. De su mano, tienes la oportunidad de desarrollar una nueva conciencia: la de verte a ti mismo con los ojos del potencial puro. El soñador que hay en ti te ayudará a apreciarte no solo por quien eres hoy, sino por quien podrías llegar a ser si desarrollas a la máxima expresión los dones que *ya tienes* dentro de ti en estado latente.

Parte de tu trabajo en esta etapa será crear las condiciones necesarias para que tu yo soñador florezca.

Una mente plagada de condicionamientos, atormentada por un desfile interminable de miedos o desprovista de entusiasmo difícilmente se convertirá en el terreno indicado para sembrar tus anhelos más íntimos. Tienes que aislar ese «ruido emocional» como quien separa la paja del trigo a fin de crear en tu interior el campo fértil en el que concebirás tus sueños.

El soñador que hay en ti tiene un pedido: que tu sueño sea una celebración auténtica de tu individualidad. Las alas para desarrollar tu ser más elevado son grandes y poderosas, pero solo pueden desplegarse en todo su esplendor si tu sueño es una expresión genuina de quién eres. No hay grandeza alguna en pasar una vida imitando a otros o en dedicar tu existencia a satisfacer las expectativas ajenas.

LA ÚNICA MANERA DE HONRAR TU DESTINO ES CAMINANDO TU PROPIO CAMINO.

Pídele ayuda a tu yo soñador para iniciar este camino hacia el conocimiento de ti mismo. Descubre qué es eso que te entusiasma y que a la vez te hace brillar. Todos tenemos una manera de hacer algo que nadie más puede hacer tal y como nosotros lo hacemos. La clave está en descubrir de qué se trata y abrazarlo con la energía contagiosa del soñador.

Esta tarea es de enorme responsabilidad. Nadie puede hacerla por ti. Aquellos que te rodean, aunque te amen y te deseen lo mejor, no están en tu pellejo para saber qué te genera placer y qué un tremendo pesar. En su magnífico ensayo «Sobre la libertad»,[1]

---

1. John Stuart Mill, *Sobre la libertad* (Madrid: Editorial Monillos, 2014), p. 234.

el filósofo inglés John Stuart Mill sostiene que la libertad es una condición previa para la felicidad, trazando un límite claro entre aquellos que deciden su destino y los que no lo hacen.

El hombre que permite al mundo, o al menos a su mundo, elegir por él su plan de vida, no tiene más necesidad que de la facultad de imitación de los simios. Pero aquel que lo escoge por sí mismo pone en juego todas sus facultades. Debe emplear la observación para ver, el raciocinio y el juicio para prever, la actividad para reunir los materiales de la decisión, el discernimiento para decidir, y, una vez que haya decidido, la firmeza y el dominio de sí mismo para mantenerse en su ya deliberada decisión.

Ejercer el libre albedrío es una tarea ardua, pero solo se puede soñar con una verdadera libertad cuando tomamos la valiente decisión de enfrentar las dudas, los miedos, los mandatos y las inseguridades en la búsqueda de nuestra propia felicidad.

Preguntas que se hacen aquellos que siguen los sueños ajenos

- ¿Qué hacen generalmente las personas de mi posición y mi fortuna?
- ¿Qué es lo que tendría que estar haciendo ahora de acuerdo a mi edad, profesión, etc.?
- ¿Cuáles son los logros que harían más felices a mis padres/hijos/amigos/pareja?
- ¿Cuáles son las cosas que tendría que hacer/lograr/comprar para impresionar a otros?

Preguntas de tu yo soñador para ayudarte a visualizar tu propio sueño

- ¿Cuáles son los intereses, habilidades o gustos que me hacen único e irrepetible?

- ¿Qué actividades me hacen profundamente feliz?
- ¿Qué profesiones u ocupaciones son compatibles con mi personalidad?
- ¿Qué decisiones favorecerían el desarrollo de mis facultades más elevadas?
- ¿Qué habilidades de las que me hacen feliz pueden ser útiles si se ponen al servicio de otros?

¿QUÉ COMBUSTIBLE ESPIRITUAL ESTÁS USANDO PARA AVANZAR A TRAVÉS DE *EL CÍRCULO VIRTUOSO*?

En el mundo cada vez se habla más de los tipos de combustible que usamos. Hay algunos —como el viento y la energía solar— que se consideran más limpios para el planeta. Estos son renovables y menos nocivos para las personas.

En el otro extremo, están los combustibles más tóxicos y no renovables como el petróleo, el carbón y el gas natural. Estos polucionan el aire, contaminan los océanos y hasta pueden ser peligrosos si estás demasiado tiempo respirando junto a ellos cuando entran en combustión. Además, son considerados responsables del cambio climático en nuestro planeta.

De la misma manera, también hay distintos tipos de combustibles para nuestro espíritu. Algunas fuentes de energía son más puras que otras. Por eso resulta importante que además de pensar en tu sueño, dediques un tiempo a reflexionar en cuál es la motivación o «el combustible» que hay detrás de ese sueño que deseas realizar. ¿Qué fuente de energía usarás para avanzar a lo largo del camino? De acuerdo a cómo se origine tu combustible espiritual, puede ser reactivo o activo.

Combustibles espirituales reactivos. Se trata de energías impuras que nos conectan con sentimientos negativos como la envidia, el odio o el resentimiento. Por definición, son aquellos que surgen como respuesta a un estímulo externo. Pueden, por ejemplo, tomar la forma de una venganza contra alguna persona que nos dañó en el pasado, transformarse en una competencia obsesiva para demostrarle cuán capaces somos a alguien que no creyó en nosotros, o quizás simplemente nos tienten con la idea de darle «una lección» a una persona que nos jugó una mala pasada.

¿Quién en un momento de dolor no encontró alivio fantaseando con la idea de que un ex infiel se retorcía de remordimiento al encontrárnoslo en nuestro mejor momento?

Somos humanos y las fantasías revanchistas pueden ser reconfortantes en un instante de vulnerabilidad, pero tienes que cuidarte muy bien de no impulsar tus sueños con este tipo de energía. Si fundamentas tu éxito en emociones como el narcisismo, la competencia obsesiva o la envidia, te convertirás en un barril sin fondo donde ningún éxito será suficiente para dejarte satisfecho. Asegúrate de que la motivación de tu sueño sea siempre tu propio desarrollo y no el perjuicio de alguien más.

Hay gente que ha llegado muy lejos usando combustibles espirituales impuros y ha construido su éxito a base de mentiras, envidias y tomando todo tipo de atajos morales. El problema con los combustibles espirituales impuros no es que sean ineficientes, sino que resultan despreciables. Además, te hacen pagar un precio demasiado elevado. Sucede que esos malos sentimientos son como un boomerang que tarde o temprano regresa a ti. O peor, por tu salud.

Además, si usas combustibles espirituales impuros, nunca serás libre. Aunque logres todo lo que te propongas, seguirás siendo un esclavo, ya que pasarás tu vida con la vista enfocada en el otro. Así que cada vez que te sientas tentado a usar una energía impura para avanzar en tu camino, recuerda este refrán chino: «Antes de empezar un viaje de venganza, cava dos tumbas».

Combustibles espirituales activos. Las energías puras son las que te conectan con lo mejor de ti mismo. Tienes ganas de avanzar por el mero afán de superarte, porque quieres ayudar a otro con tu conocimiento o talento, o porque eres genuinamente feliz desarrollando esa actividad.

La prueba irrefutable de que estás usando energías puras es que a medida que transitas el camino, te vas transformando cada vez en una mejor persona. Te sentirás más cómodo en tu piel, más agradecido por cada paso que das y con más ganas de devolverle al mundo algo de lo que te ha dado. Si te sientes optimista, lleno de energía y el tiempo se te pasa volando haciendo lo que elegiste hacer, esa es la señal de que estás en el camino correcto.

Para pensar

Si todavía no sabes cuál es tu sueño. Usa tu corazón como una brújula. ¿Qué cosas te hacen sentir pleno, útil, libre, lleno de amor y entusiasmado?

VISUALIZAR: EL ARTE DE CREER PARA VER

La ropa que te cubre, el techo que te ampara, los libros y las películas que te entretienen, las leyes que gobiernan tu ciudad o país... ¡todas las cosas, absolutamente todas, comenzaron primero como una idea! Alguien las concibió primero en su cabeza, y solo después se convirtieron en algo real.

Muchas de las cosas que hoy damos por sentado —como la robótica o el voto femenino— parecían ideas imposibles de lograr en el momento en que fueron concebidas. No obstante, el tiempo, el talento y el trabajo duro las convirtieron en realidad.

Por tal motivo, en lugar de «ver para creer» como dice el refrán, tienes que darte permiso para creer... ¡aun antes de ver! Las grandes innovaciones de la humanidad son producto de aquellas personas que tuvieron la capacidad de pensar que algo nunca visto podía no solo ser imaginado, sino también construido.

Y aunque tu sueño no sea crear la computadora más poderosa del planeta o diseñar la nave espacial que recorrerá la próxima galaxia desconocida, es necesario que uses el mismo principio rector que guía a los grandes inventores de la historia de la humanidad: *debes permitirte ver más allá de lo aparente.*

Empieza por prestarles especial atención a tus pensamientos. ¿Cómo es tu diálogo interno? ¿Qué es lo que te estás diciendo? ¿Estás potenciándote o saboteándote con los mensajes que te envías a ti mismo? Recuerda que esos pensamientos son las semillas de la realidad que deseas crear para tu futuro.

El soñador nos enseña que el primer paso para empezar a vivir nuestro sueño es aprender el arte de la visualización.

Pero... ¿qué es visualizar?

Visualizar es ejercitar tu imaginación para crear imágenes mentales.

Es cerrar los ojos y comenzar a ver en tu mente aquello que quieres experimentar en tu realidad. Es como si representaras en tu cabeza la película de la vida que quieres para ti. ¡Y con cuantos más detalles puedas imaginar este filme, mejor aún!

En los momentos más difíciles de mi vida, me he aferrado tanto a la visualización que me podría haber ganado un Óscar a la mejor directora de películas mentales.

Hacer de la visualización un hábito regular te mantendrá enfocado en tu sueño. Este es un ejercicio fundamental, porque los pensamientos tienen un gran poder sobre nosotros mismos. Nos convertimos en aquello en lo que pensamos todo el día.

Una de las cosas más importantes que debes tener en cuenta cuando cierras tus ojos y comienzas a visualizar lo que te gustaría que ocurra en tu futuro es tu propio patrón de pensamiento. Haz un esfuerzo consciente para establecer tu visión soñada desde un espacio de plena abundancia, sabiendo en tu interior que hay un universo de posibilidades disponibles para ti. No tengas miedo de forjar en tu mente algo que aún no ha ocurrido para ti, tu familia, tu credo, nación o lugar de origen.

No permitas que tu sueño de mañana se vea condicionado por los sucesos del ayer ni por las frustraciones de otros que anhelaron algo, no lo lograron, y ahora dicen que lo que tú buscas es imposible de alcanzar. Los acontecimientos del pasado y las experiencias de las demás personas no son un pronóstico de lo que puede ser posible para ti en el futuro.

La visualización es un ejercicio que poco a poco va desarrollando en nuestra vida un gran conocimiento de nosotros mismos. Hay sueños que cuando los visualizamos fluyen sin problemas en nuestra mente. Otros, en cambio, no son tan fáciles de proyectar en nuestra psiquis.

A veces, al hacer este ejercicio de visualización, descubrimos que para darnos el permiso de soñar en grande tenemos que enfrentarnos con nuestros propios miedos. Toma nota si algún sueño es especialmente difícil de visualizar. Quizás haya algún bloqueo emocional o un pensamiento autolimitante detrás de esa dificultad.

En mi caso, por ejemplo, tuve que reprogramar mis pensamientos sobre el dinero y la prosperidad. Me di cuenta de que había crecido mirando con desconfianza a los que habían logrado acumular una gran riqueza personal. Esta revelación se hizo patente cuando emigré a los Estados Unidos desde Argentina a los veintitrés años.

En Argentina, por lo general, la sociedad a nivel colectivo mira con desconfianza a aquellos que han hecho una gran fortuna. La sospecha tiene su explicación, pues tristemente se descubren casi a diario casos de corrupción de personas que se han vuelto ricas quedándose con dinero que no les correspondía. Yo, aun sin ser consciente de ello, también era alguien que tenía una actitud suspicaz ante los que habían logrado tener una abultada cuenta bancaria.

En Estados Unidos, la actitud es lo contrario. La opinión de la sociedad sobre las personas adineradas es la opuesta: la gente que ha logrado conseguir un buen pasar es vista con gran admiración por el resto de la sociedad y se les celebra tremendamente.

Al emigrar, el contraste entre ambos puntos de vista —el heredado y el nuevo— fue tan fuerte que me percaté de mis propios prejuicios. Me di cuenta de por qué para mí era tan difícil visualizar cualquier cosa que tuviera que ver con la abundancia material. ¿Cómo iba a imaginarme rodeada de prosperidad si inconscientemente le iba poniendo la etiqueta de «sospechoso» a los que habían logrado amasar una fortuna?

Comparto esta experiencia personal porque sé que cuando empieces a visualizar tu sueño te vas a enfrentar cara a cara con tus propios prejuicios sobre quién eres. Mientras más resistencia encuentres en tu ser para imaginar algún aspecto de tu sueño, más probable resulta que tengas un bloqueo emocional en esa área.

Las marchas y contramarchas son normales. Hasta la persona más segura de sí misma tiene escondidos en algún lugar de su mente sus propios pensamientos autolimitantes. Cuando te encuentres con bloqueos en tu visualización, no te enojes contigo mismo. Usa esto como una oportunidad para reflexionar y preguntarte por qué tal cosa te está ocurriendo.

Ejemplos de pensamientos autolimitantes:
Sobre el trabajo y el dinero...

- Las personas adineradas no son buenas. Deben haber hecho su dinero de manera deshonesta.
- Si alguien tiene dinero es porque se lo quitó a otros. Para que alguien tenga más dinero, otra persona debe tener menos.
- El éxito solo se alcanza si sufrimos en el camino. Para lograr el éxito, el precio que hay que pagar es la felicidad.
- Todas las personas que tienen éxito se creen superiores a los demás. Ni te acerques a ellas, porque te querrán humillar.

Sobre el amor y la pareja...

- A nadie le gusta salir a una cita con personas tan (independientes/rellenitas/jóvenes/viejas/conservadoras/liberales/etc.) como yo.
- Todas las personas que valen la pena ya son la pareja de alguien más.
- Todo no se puede lograr. Si tengo suerte en el amor, no la tendré en el trabajo, la salud o algún otro ámbito de mi vida.

Sobre temas de salud...

- Las adicciones estuvieron presentes en mi familia. Si mi padre/madre/hermano/etc. fue un adicto, yo también lo seré. Es mi destino.
- Toda mi vida tuve exceso de peso. Las dietas y tratamientos que hice siempre fallaron. Está claro que ya ha llegado el momento de resignarme. Nunca podré mejorar mi estado físico.
- Mi historia familiar incluye las enfermedades mentales, y con esta genética de seguro mi futuro está echado. Estoy condenado a sufrir de depresión/esquizofrenia/pensamientos suicidas/etc.

ALGUNAS SUGERENCIAS PRÁCTICAS PARA ALIMENTAR AL SOÑADOR QUE HAY EN TI

- *Si quieres avanzar más rápido, busca la quietud.* Decir que tener momentos de quietud te hará ir más rápido parece una contradicción, pero no lo es. Si cada día reservas algunos minutos a fin de permanecer en silencio contigo mismo, habrás invertido una pequeña parte de tu jornada en recibir algo de suma importancia: mayor claridad. El soñador necesita tener un espacio mental para identificar sus propias emociones. En esta fase de *El Círculo Virtuoso* estás construyendo las bases mentales para todo lo que vendrá después. Resulta fundamental que puedas identificar si el camino que visualizas te entusiasma, si algún pensamiento está saboteándote, o cuál es realmente el tipo de «combustible espiritual» que le da energía a tu sueño.

Ese tiempo en silencio con nosotros mismos es tremendamente importante. Algunos lo disfrutan dibujando, otros meditando, y hay quien prefiere irse a caminar un rato para despejar las ideas. No hay una fórmula que sea perfecta para todo el mundo. Elige la que vaya mejor con tu personalidad y estilo de vida.

• *Crea tu mapa de sueños de El Círculo Virtuoso.* Una manera de motivarte y tener tu sueño siempre a la vista es creando un mapa de sueños. Los mapas de sueños son expresiones visuales al estilo *collage* donde coleccionas imágenes de aquello que te gustaría atraer a tu vida.

Hay muchas maneras de hacerlo. Puedes incluso crear tu mapa de sueños usando el esquema de *El Círculo Virtuoso* como guía para visualizar paso a paso las etapas de tu transformación.

Para ello, toma una hoja en blanco, dibuja un círculo y divídelo en triángulos que contengan cada etapa de *El Círculo Virtuoso* (soñador, arquitecto, hacedor, aprendiz, guerrero, campeón y líder). En el centro puedes colocar tu foto o dibujar una silueta que te identifique. Luego, usando imágenes de revistas, fotos personales, recuerdos y frases motivadoras, vas a ir llenando cada uno de los casilleros de *El Círculo Virtuoso*. Por ejemplo, si para hacer realidad tu sueño necesitas aprender a tocar la guitarra, puedes poner una imagen de la guitarra que te gustaría usar en tus clases. Si tu etapa de líder incluye compartir tu mensaje con otros a través de una enseñanza, algunos viajes o un libro, ahí mismo deben ir esas imágenes. ¡La idea es que tu círculo quede repleto de estímulos que te motiven!

Otra manera de hacer el mapa de los sueños es dividiendo el círculo en diferentes áreas de tu vida (trabajo, salud y bienestar, amor, etc.) y recortando las imágenes que se correspondan con cada una de ellas.

Por ejemplo, si quieres más equilibrio entre tu vida personal y tu trabajo, recorta imágenes de aquellas actividades que te gustaría desarrollar. Cuando tengas tu mapa de los sueños terminado, cuélgalo en un lugar bien visible. Puede ser en el frente de tu refrigerador o tu mesita de luz para que sea lo primero que ves en el día y lo último que observas antes de irte a dormir. Tener tu sueño siempre a la vista es una herramienta muy poderosa.

- *Convierte al entusiasmo en tu brújula.* La palabra entusiasmo viene del griego *entheos*, que significa «tener un Dios dentro de sí». Por definición, la persona entusiasmada es entonces alguien que está guiado por una fuerza y una sabiduría divinas. Una manera de verlo es pensando que quien tiene la dicha de sentir entusiasmo, de cierta forma experimenta una conexión con lo más sagrado de sí mismo.

  Durante un discurso en una universidad muy prestigiosa de los Estados Unidos, Steve Jobs compartió un ejercicio que hacía cada mañana para medir su entusiasmo. Al mirarse al espejo, se preguntaba a sí mismo: «Si hoy fuera el último día de mi vida, ¿querría hacer lo que voy a hacer hoy?». Si la respuesta era «no» durante demasiados días seguidos, sabía que necesitaba cambiar algo.

  El entusiasmo es esa chispa divina que te servirá de brújula cuando estés perdido y de alimento cuando estés cansado. ¿Qué sería de los artistas, los innovadores y todos los que buscan la excelencia en su rubro si no existiera el entusiasmo?

- *Conéctate con otros soñadores.* Piensa en la gente que se encuentra a tu alrededor. ¿Hay algún soñador en tu círculo familiar o de amistades? No hace falta que sea alguien que comparta exactamente el mismo sueño que tú tienes. Puede ser una persona que simplemente te inspire por su compromiso, creatividad o actitud positiva. Quizás se trate de un soñador que ha tenido éxito en un ámbito completamente diferente al que tú buscas, pero que puede compartir contigo esa complicidad de ver el mundo más allá de lo aparente. Si tiene buena disposición, contáctalo. Pídele que te cuente cómo fue su propio camino al éxito. Aprovecha también las oportunidades que te da Internet. Busca comunidades de personas con sueños afines. Si tu sueño es completar una maratón, busca las páginas que contienen información para maratonistas, los grupos en las redes sociales donde se reúnen los corredores, investiga sobre las mejores maratones, el calzado adecuado y todo lo que tenga que ver con tu sueño. Mientras más comiences a relacionarte con ese mundo, más te entusiasmarás y más detalladas serán las visualizaciones de tu sueño que experimentes.

En primera persona

Una desempleada en Argentina se anima a soñar

La tetera estaba silbando y pensé que sería buena idea tomar algo caliente. Al levantarme de la silla para ir a la cocina, me di cuenta de que tenía las piernas dormidas. ¿Cuántas horas había pasado sentada frente a la computadora en la misma posición? Rengueando, llegué a la cocina y me serví agua caliente en una taza.

Mientras endulzaba el té, repasé mentalmente cómo se veía el marcador. Currículums enviados: 117; respuestas obtenidas: 40; entrevistas de trabajo: 0.

Era todavía la época de Internet por vía telefónica. Así que me desconecté de la red para liberar la línea del teléfono y chequear la casilla de mensajes de voz. Tenía la ilusión de que algún departamento de recursos humanos en alguna de las tantas empresas a las que había llamado buscando trabajo me hubiera dejado un mensaje, pero mi casilla estaba vacía.

En fin, sería otro día de mucho sembrar y nada de resultados. A veces me preguntaba para qué había estudiado tantos años si al final del día los diplomas no lograban abrirme ninguna puerta.

Pasé por el baño y me lavé la cara. Espié de reojo el espejo y observé mi reflejo: tenía la misma playera azul de hacía dos días. Reparé en mi cabello. Era como si perteneciera a dos cabezas diferentes: una mitad estaba lacia y la otra mitad abultada por la marca de la almohada.

Empecé a caminar de regreso a la computadora, bajé la vista y me llevé una sorpresa: tenía puesto calcetines de diferentes colores y ni cuenta me había dado. «Ahora sí que estoy para la pasarela», me dije a mí misma con ironía.

Recordé que mi novio Andy (hoy mi esposo) se encontraba en la habitación de al lado y me sentí culpable. Me dio pudor que me viera así. ¡Él me había conocido siendo muy coqueta, pero qué abandonada me veía ahora! Por un momento pensé en amoldarme el pelo con el secador de modo que luciera más bonito, pero la verdad no tenía ni fuerzas para arreglarme.

Detuve mi paso al distraerme con el televisor. Estaba comenzando uno de esos programas de variedades de la tarde donde repasan las noticias del día, divulgan historias emocionantes y entrevistan a grandes personalidades. Desde la pantalla, la presentadora hizo su entrada triunfal. Me quedé hipnotizada mirándola y decidí hacer un receso para despejarme un poco.

Para mí, la televisión ha sido desde siempre el pasaporte a un mundo de ensueño. Un desengaño amoroso de un noviecito podía sanarse entre suspiros mirando las grandes historias de amor de las telenovelas (soy cursi, lo sé), un mal día en la escuela podía quedar atrás comiendo pan tostado y disfrutando de los enredos de una comedia, y hasta una simple bufanda de invierno podía transformarse por arte de magia en una exquisita boa de plumas mientras bailaba en pijamas con el clip musical de las divas de la tele. ¡Me fascinaba todo de esa cajita que para mí no era nada boba!

El mundo mágico de la televisión contenía una dualidad inquietante: era a la vez inmediato e inaccesible. Estaba tan cerca que se hacía realidad con solo presionar un botón, pero para mí también se hallaba tan lejos como la luna, pues no conocía a nadie —ni familiar ni amigo— que trabajara allí.

Además, desde pequeña me habían dejado muy claro que ese universo de confeti multicolor no era para chicas como yo. Todo el mundo sabe que las hijas de los abogados que son estudiosas solo trabajan en lugares «respetables» como embajadas, bancos, empresas consultoras o corporaciones multinacionales. ¡Es algo bien conocido por todos que los escenarios de la televisión están destinados a las bataclanas! ¿Cuántas veces me lo habían dicho? Al parecer, no las suficientes, porque mi fascinación con la televisión seguía intacta.

En el show de la tarde, había llegado el momento de la reflexión del día. Parecía un mensaje hecho a mi medida. «Elígete y priorízate. Si andas tirado en la cama sintiéndote triste, no te lo permitas. Si estás enojado, pégale a la almohada, pero no te dejes caer. Haz algo por tu vida... ¡Ahora!», le decía al público la imponente presentadora con total soltura.

Mientras más la escuchaba, más magnética me parecía esa mujer. Hacía rato que había pasado los cincuenta y no poseía una belleza especial que la distinguiera del resto, pero le sobraba algo que yo en ese momento no tenía: confianza. Era como si las cámaras le hubieran dado superpoderes y tuviera completa seguridad en sí misma. Llegué a pensar que para esa mujer era imposible tartamudear o equivocarse. ¡Ella se sentía ama y señora dentro de su escenografía!

Tenía una cualidad que solo tienen los buenos presentadores: te hacía olvidar tus problemas. Mientras sintonizabas el show, te sumergías en su mundo y tú también te sentías un poco invencible.

Seguía absorta mirando el show cuando me percaté de que Andy había salido de la habitación y pasaba por detrás de mí. Al verlo, me di la vuelta y sin pensarlo le dije entusiasmada: «Mira a esta mujer, por Dios. ¡Qué increíble debe ser trabajar conduciendo tu propio show de televisión! ¡En mi próxima vida yo también quiero conducir uno!».

Andy se puso serio, tomó mi rostro entre sus manos con dulzura, y mirándome a los ojos me preguntó con firmeza: «¿Por qué vas a esperar hasta tu próxima vida?».

Se hizo un silencio. No supe qué contestarle y ahí mismo me eché a llorar como una niña.

Esa fue una pregunta que cambió mi vida.

Sin darme cuenta, yo sola había asumido que algo que podía hacerme inmensamente feliz —tener algún día mi propio show— se hallaba absolutamente fuera de mi alcance. Mi alma estaba tan entumecida por el desánimo que no me había dado siquiera el permiso para soñar.

Si nunca lo había intentado, ¿cómo podía tener la certeza de que jamás iba a poder conducir un programa de televisión? Por primera vez fui consciente de mis propios pensamientos autolimitantes. ¡Era una locura! Tenía tan solo veintitrés años, toda la vida por delante, y sin darme cuenta ya estaba comenzando a tirar la toalla. Era como si un jugador de fútbol diera por perdido el campeonato aun antes de salir a la cancha.

Decidí atesorar la pregunta de Andy en mi corazón —«¿Por qué vas a esperar hasta tu próxima vida?»— y desempolvarla cada vez que tuviera miedo de hacer algo que me entusiasmara. Esta experiencia me enseñó una gran lección que siempre tengo presente al atravesar momentos difíciles:

NO SE DEBEN HACER CONCLUSIONES PERMANENTES BASÁNDONOS EN CIRCUNSTANCIAS TEMPORALES.

Es cierto que por ese entonces mi realidad no era fácil. Posiblemente tuviera buenas razones para sentirme desanimada. No conseguir trabajo constituye una situación desagradable, pero algo estaba claro: no se trataba de un hecho irreversible. Y eso hacía toda la diferencia.

Mi error había sido apresurarme a hacer **conclusiones permanentes** acerca de mis posibilidades («no podré tener mi show de televisión») basándome en **circunstancias temporales** (el desempleo). Este constituye uno de los errores más comunes de quienes abandonan prematuramente sus sueños.

Por suerte, Andy pudo tener la claridad que me faltaba en ese momento de debilidad. Él creía en mí y veía un potencial que yo aún no había descubierto en mí misma. Por eso creo que estar rodeado de aliados es fundamental para nuestra vida y desarrollo personal. Los aliados son como ángeles que nos levantan cuando sentimos que ya no tenemos más fuerzas. Y todos tenemos esos momentos de vez en cuando.

Para pensar

Mi «conclusión permanente» frente a una circunstancia temporal fue asumir —erróneamente— que jamás iba a poder trabajar frente a cámara en un show de televisión. ¿Cuál es la tuya?

La palabra autorizada

El soñador — Carlos Santana

«YA ERES AQUELLO EN LO QUE TE QUIERES CONVERTIR. SON LOS DEMÁS LOS QUE AÚN NO LO SABEN».

Con Carlos Santana en su estudio personal de las Vegas.

Carlos Santana es un hombre *SuperNatural* [Sobrenatural] como el nombre de su famoso álbum. Y no lo digo solamente por el talento musical *sobrenatural* que lo ha hecho merecedor de diez premios Grammys, una estrella en el Paseo de la Fama de Hollywood y treinta millones de discos vendidos alrededor del planeta, sino también porque la llegada al mundo de Carlos Santana tuvo algo de «sobrenatural».

Pocos lo saben, pero Carlos era un bebé que no debería haber nacido. Su propio padre, Don José Santana, ordenó que fuera abortado.

Cuenta la historia que cuando el padre de Carlos se enteró de que su esposa estaba embarazada, la noticia no fue bien recibida. Don Santana estaba convencido de que cuatro hijos eran más que suficiente para esta humilde familia de Autlán, México. De modo que tener un quinto descendiente no haría más que profundizar los problemas financieros que ya los acosaban.

Don José decidió entonces tomar cartas en el asunto. Con firmeza, le dio a su esposa la orden de tomar un té de hierbas especial que se suponía estaba diseñado para interrumpir el embarazo. Sin embargo, un giro inesperado del destino desbarataría su plan y salvaría al pequeño Carlitos.

La encargada de preparar el potente brebaje abortivo era la criada Chepa. «Hierve esta cosa. Y quiero ver cómo mi esposa se la toma toda», le dijo Don Santana con firmeza a la criada. Lo que no sabía José es que la piadosa Chepa desobedecería la orden de su patrón y prepararía la mezcla reemplazando el poderoso té abortivo por un simple té común. Meses más tarde, nacía Carlos, el quinto hijo de la dinastía Santana.

Quizás sea el hecho de inspirarse en esta historia tan personal lo que hace que cuando Carlos Santana le da consejos a los jóvenes que se están iniciando en la música, suela decirles bromeando: «Relájate. Ya pasaste la audición. ¡Naciste!».

Esa misma capacidad de desdramatizar los momentos dolorosos y transformarlos en lecciones fue lo que más me llamó la atención cuando finalmente conocí a Carlos en persona.

Para la entrevista, me citó en su sala de ensayo privada en Las Vegas. Una de las cosas que primero noté al llegar fue que aun estando situada en la ciudad del pecado, donde todo es lujo y exceso, las oficinas de Santana se distinguen por su sencillez.

No hay muebles lujosos ni afiches gigantes amplificando su rostro en cada pasillo. Tampoco el típico séquito de gente medio aterrorizada corriendo de un lado a otro que suele rodear a las grandes estrellas. Si no fuera por las guitarras de colección que cuelgan de las paredes, nada indicaría que este es el espacio creativo de un hombre que marca el pulso de la música desde hace cinco décadas.

Antes de empezar la grabación, Carlos les hizo un único pedido a sus colaboradores: quería que encendieran incienso para que la sala oliera bien. Eso es algo que según nos contó también hace en cada cuarto de hotel donde se hospeda. Es su manera de transformar cualquier habitación alrededor del planeta en un lugar familiar. Y así, entre incienso y guitarras, comenzó la entrevista.

Gaby: ¿Cuándo te diste cuenta de que tenías talento? Es muy fácil decirlo ahora en retrospectiva, pero cuando te encontrabas en plena lucha, ¿eras consciente de tu propio potencial?

Carlos: Sabía que tenía la tenacidad suficiente para llegar a ser alguien como B. B. King o Tito Puente, o que me iba a convertir en quien soy ahora. ¡Eran los demás los que no lo sabían! Eso es lo que tienes que decirte a ti mismo. A mí me preguntan: «¿Qué le aconsejas a la gente joven?». Y yo no les quiero decir ni qué hacer ni cómo hacer las cosas. No obstante, sí les quiero asegurar algo: *ustedes ya son aquello en lo que se quieren convertir. Son los demás los que no lo saben.* Tienes que visualizar lo que vas a estar haciendo en cinco años, incluso cuánto dinero quieres ganar, cómo quieres vivir. Si no crees en ti mismo, ¿quién más va a creer en ti?

Esta es una cosa hermosa para reflexionar: hay una diferencia entre la convicción suprema y la arrogancia. La arrogancia es miedo. La convicción suprema es luz, no miedo. Sabes lo que quieres, lo necesitas, lo deseas.

Gaby: Hablando de convicciones, has dicho que estás convencido de que llegaste al mundo solo porque un ángel intervino, pues tu vida pudo haber terminado antes de nacer.

Carlos: Exacto. Pero esa fue una de las tantas oportunidades de oro con las que he sido bendecido. Todos contamos con santos, ángeles o arcángeles que van a aparecerse en tu vida en el momento correcto para ayudarte. No creo en las coincidencias o la buena suerte. ¡Vivo en Las Vegas, pero no creo en la suerte! Creo en la gracia de Dios, es un flujo, una cosa segura, garantizada.

Carlos no es de los que se ponen en piloto automático para contestar. Es de los que reflexionan y comparten su mundo interior con cada pregunta. Él sabe bien que ser vulnerable es de valientes.

Es justamente esa fortaleza espiritual la que evitó que cayera abatido durante los momentos más dolorosos.

Sucede que a Carlos la vida lo puso a prueba desde muy pequeño. Cuando era apenas un niño de diez años, un amigo de la familia tomó ventaja y abusó sexualmente de él. Avergonzado, Santana guardó muy profundo este oscuro secreto de su niñez. Recién cinco décadas más tarde fue que Carlos, con asistencia psicológica, pudo sanar su corazón y decidió compartir este episodio con su público. Quiso hablar de su pesadilla para transformarla en un bálsamo que ayudara a otros. Finalmente, había logrado lo inimaginable: perdonar al hombre que le robó su inocencia.

Gaby: Hablemos sobre la confesión que hiciste al revelar que fuiste víctima de abuso sexual durante tu infancia. En una cultura machista, compartir algo tan íntimo te coloca en una situación vulnerable. Se requiere mucho valor para hacer lo que hiciste. ¿Por qué decidiste compartir este episodio?

Carlos: Para sanar. Hay muchos hombres y mujeres a los que les sucedió lo mismo que a mí. Quería transmitirles que hay que decirse a uno mismo que eso es algo que sí se puede superar. No quiero ser una de esas personas que entran a un cuarto y dicen: «Mucho gusto, soy alguien que fue abusado sexualmente». Hay muchas personas así, con esa energía, con esa carga.

Gaby: Sí, es como si te quedara una etiqueta pegada el resto de tu vida...

Carlos: Exacto. Lo que aconsejo es mirarse al espejo y decir: «Mi vida no se reduce a lo que me sucedió. Soy libre. Soy la misma persona que Dios creó». Yo ya perdoné a ese hombre. Recé para liberarlo. Si le hubiera deseado el infierno, yo me hubiera ido con él. Más bien pensé: *Te voy a mandar a un lugar de luz y te voy a perdonar.* Y en cuanto lo hice, me liberé de toda esa ira. No deseaba despertar todas las mañanas y sentirme enojado, paranoico, pensando que toda la gente me quería hacer daño. Viví así durante mucho tiempo.

Gaby: ¿Y cuándo fue que finalmente lo lograste perdonar?

Carlos: En el año 2007.

Gaby: Ah, muy reciente.

Carlos: Sí.

Gaby: Y te liberaste.

Carlos: Esa es una bella palabra, liberarse. Si he compartido toda esta información no es para que la gente me tenga lástima. Es para invitar a las personas a sanar.

Antes de despedirme, precisaba hacerle una pregunta que tenía atravesada desde que vi su primer vídeo musical: «¿Por qué pones esas caras cuando tocas la guitarra? ¿Qué sientes en ese momento?». Lo que me contestó me dejó con la boca abierta... ¡y muerta de risa! «La respuesta es simple, Gaby. Esto es como hacer el amor. ¡Si te ves muy bonito mientras lo estás haciendo, es porque finges y no sientes nada!».

En profundidad

Para ver el vídeo con la entrevista completa de media hora «A solas con Carlos Santana», visita www.elcirculo virtuoso.com. Santana conversa con Gaby acerca de:

- Su devoción por la virgen de Guadalupe.
- Las claves del éxito.
- Cómo hizo para dejar atrás su etapa de excesos.

Además, disfruta con las fotos de detrás del escenario y descubre la colección privada de guitarras de Santana.

CAPÍTULO 3

EL ARQUITECTO: PLANEA TU SUEÑO

Muy cerca de mi ocaso, yo te bendigo, vida,
porque nunca me diste ni esperanza fallida,
ni trabajos injustos, ni pena inmerecida;

porque veo al final de mi rudo camino
que yo fui el arquitecto de mi propio destino;

que si extraje las mieles o la hiel de las cosas,
fue porque en ellas puse hiel o mieles sabrosas:
cuando planté rosales, coseché siempre rosas.

—AMADO NERVO[2]

#ElCírculoVirtuoso

«ATRÉVETE A SER
El Arquitecto
DE TU VIDA. SI NO LO
HACES, OTROS LO
HARÁN POR TI».

@GabyNatale

Tómale una foto y compártelo en las redes
sociales usando #ElCírculoVirtuoso

2. Amado Nervo, «En paz», *Antología Poética* (México: Editorial Océano, 2014), p. 264.

El arquitecto es el segundo arquetipo de *El Círculo Virtuoso*. Su tarea es aportarte su espíritu lógico y su obsesión por sistematizar, crear procesos y cuantificar todo a fin de que tu sueño no se quede solo en ideas. Es quien te ayudará a diseñar las estrategias necesarias para llevar a la realidad todo aquello que imaginaste con la ayuda del soñador.

El arquitecto es responsable, odia los imprevistos y le encanta programar el futuro. Con su ayuda, comenzamos a diseñar el plan de acción que nos ayudará a hacer realidad nuestro sueño.

Tú ya conoces a ese yo arquitecto que forma parte de tu personalidad. Es esa voz dentro de ti que organiza tu día a día para que mañana estés mejor que hoy. Es quien te recomienda ajustar tus gastos y ahorrar para estar prevenido si tienes un imprevisto en el futuro, el que piensa en llevar una lonchera con comida saludable de casa para no caer más tarde en tentaciones, y aquel que te advierte que —a menos que este domingo te enfoques en tu estudio— no te alcanzará el tiempo a fin de leer todo lo que necesitas para el examen final de la próxima semana.

Mientras el soñador te pide que pongas tu cabeza en las nubes y le des rienda suelta a tu imaginación para crear tus sueños, el arquitecto te exige que pongas tus pies en el suelo, seas estratégico y uses tu lógica para elaborar el mejor plan de acción posible. Por cierto, el término *arquitecto* proviene del latín *architectus*, que significa el «máximo responsable de una obra».

El arquitecto te espera con la calculadora y la cinta métrica en la mano. Ama los planes, las listas de tareas y la disciplina. Bajo su guía comenzarás a expresar tu sueño en términos de metas y objetivos mensurables. ¡Así como el momento para crear un plano es antes de construir la casa, el momento para crear tu plan es ahora, antes de poner en acción tu sueño!

Ha llegado la hora de invocar al arquitecto que hay en ti y crear tu propia hoja de ruta. ¡Afila tu lápiz y comienza a hacer un boceto de este nuevo capítulo de tu existencia! Atrévete a ser el arquitecto de tu vida. Si no lo haces, otros lo harán por ti.

En este capítulo encontrarás

- Una sección «En primera persona», en la cual te contaré el largo camino que tuve que transitar hasta que descubrí de manera accidental cuál era mi sueño.
- Una explicación de lo que es el *ikigai*, un concepto japonés que nos ayuda a definir y reflexionar sobre cuál es nuestra pasión, profesión, vocación, misión, y también nuestro gran sueño.
- Un segmento «La palabra autorizada» donde comparte su camino al éxito un arquitecto de la vida que ha hecho historia. Es un «arquitecto de los cielos» que comenzó sembrando fruta en el campo y terminó, literalmente, cosechando estrellas.
- Por último, compartiré contigo una de las decisiones más personales e íntimas que he tenido que hacer para convertirme en una verdadera arquitecta de mi futuro personal y profesional.

En primera persona

La sabiduría de saber que no sabemos

Yo no nací con un sueño. Durante mucho tiempo les tuve un poquito de envidia a esas personas que desde niños sienten un deseo tan fuerte de hacer algo que ya no necesitan nunca más preguntarse qué los hará felices el resto de su vida. Lo saben de memoria. No podrían vivir sin hacerlo.

Se trata del futuro biólogo que mira fascinado el huerto escolar y espera paciente que salga la primera hoja de la planta de lechuga; del niño que en la clase de dibujo sabe que las formas, los colores y las texturas lo acompañarán por siempre; de la adolescente que mientras baila está segura de que para ella la danza será mucho más que algo que hace los sábados para divertirse con los amigos.

En mi caso, nunca fue así. Conocí a mi yo arquitecto después de tener una hoja en blanco como plan durante muchos años.

En mi época de estudiante no sentía una pasión especial por ninguna asignatura. No me iba mal, pero tampoco tremendamente bien. Era de los buenos alumnos que pertenecen al montón. Nunca fui abanderada, estuve en el cuadro de honor ni gané ningún premio. Cuando me gradué de la preparatoria y fui a la universidad para estudiar relaciones internacionales, lo único que cambió fue que tuve que esforzarme mucho más para seguir perteneciendo al grupo de «los buenos alumnos del montón».

Me costaba tener constancia. A veces lograba permanecer enfocada y tomaba nota en clase. En otras ocasiones tenía «la cabeza en la luna» y me atrasaba con todas mis lecturas. Más de una vez estuve a un pelito de desaprobar algún examen de matemáticas por haber dejado los ejercicios de algebra para último minuto.

Algunos de mis compañeros realmente sentían pasión por las asignaturas que cursábamos. Iban a las horas de consulta de los profesores, tomaban clases extras para recibir créditos adicionales, y empleaban gran parte de sus vacaciones de verano trabajando gratis para ganar experiencia antes de graduarse. Eran verdaderos arquitectos de su futuro profesional.

Yo no.

No sabía si se trataba de falta de voluntad, interés o capacidad. Me agobiaba la perspectiva de graduarme y pasar el resto de mis días en un mundo tan protocolar como el de las embajadas y los organismos de gobierno.

Al llegar al tercer año de la universidad, sentí que algo no encajaba. Estábamos entrando en la recta final de la carrera y pronto seríamos todos licenciados. ¿Por qué no estaba tan feliz como los demás? ¡Había estudiado años para llegar a este momento! En medio de la confusión, tuve un momento de lucidez. Decidí no ocultar mis sentimientos ni tratar de convencerme a mí misma de que todo estaba bien. Más bien, *tuve la sabiduría de saber que no sabía*. Y ese fue el primer paso para estar mejor.

Aunque me encontraba a pocos meses de graduarme, me inscribí para participar en un proyecto de intercambio estudiantil. Una universidad en Londres me recibiría como estudiante por cuatro meses. Quizás cambiar de aire me ayudara a saber qué era lo que me estaba sucediendo.

Al llegar a la capital inglesa, experimenté un gran shock. ¡Y no se trató de un shock cultural, sino monetario! En mi apuro, calculé mal cuánto dinero necesitaba para vivir en Londres. En la ciudad todo era carísimo, y con lo que tenía apenas me alcanzaba para cubrir la renta y la comida.

¡De un día para el otro, ya no tuve más tiempo para mis planteamientos existenciales, pues me tuve que poner a buscar trabajo con urgencia! Por suerte, a las pocas semanas ya había conseguido que me contrataran para trabajar preparando las bebidas en la barra de un restaurante en Picadilly Circus.

Entre las clases de la universidad y el trabajo en el bar tenía la agenda completa. Me encontraba ocupada de lunes a lunes. Es posible que haya sido la peor *bartender* de la historia, porque como casi no tomo alcohol, me la pasaba confundiendo los ingredientes de los tragos. Por suerte, a nadie le importó mucho si ponía vodka, tequila o gin en su coctel. Al fin y el cabo, los clientes estaban borrachos y ni cuenta se daban de mis errores.

Mi sueldo era una verdadera miseria, así que tuve que organizar extremadamente bien mi presupuesto para estirarlo lo más posible. Me convertí en una experta en promociones y gangas. Sin embargo, había algo que no quería sacrificar por más ajustada que estuviera mi economía, de modo que siempre trataba de apartar unas libritas para ir al cine. ¡Nada me hacía más feliz que ver los documentales al terminar mi semana!

Había comenzado el Festival de Cine de Londres, y en ese mundo anterior a YouTube tenía por primera vez la posibilidad de ver una selección de títulos con la mejor producción independiente del planeta. El entusiasmo por ver esos documentales me hizo estar más enfocada que nunca.

¿Qué me estaba sucediendo? ¡Me desconocía a mí misma! ¿Por qué de pronto había dejado de importarme comprar zapatos nuevos o gastar mi dinero en cualquiera de las cosas que siempre me proporcionaban placer? Y la pregunta más importante: ¿De dónde había salido esta nueva Gaby tan enfocada a la que no le importaba trabajar horas extras con tal de comprar los boletos para ver el próximo documental? Algo increíble estaba ocurriendo. ¡Finalmente había descubierto mi sueño! ¡Mi pasión por ver esos documentales era la clave!

No sabía ni cómo ni cuándo lo iba a lograr, pero me prometí a mí misma que iba a entrar en el mundo de la producción audiovisual y que un día alguien estaría del otro lado de la pantalla viendo las cosas que yo había creado.

A partir de ese momento nada fue igual: ahora tenía un rumbo hacia dónde ir. Ese sueño sacudió mi confusión. Me dio una razón para levantarme cada día optimista y con ganas de empezar cosas nuevas. De pronto comencé a demostrar una disciplina, un entusiasmo y un enfoque que nunca antes había tenido. El arquitecto empezó a trabajar sin descanso en mi vida.

Regresé a Argentina y no solo terminé mi carrera de relaciones internacionales, sino también comencé a estudiar en simultáneo producción de televisión en el turno nocturno de una escuela de los medios. Al año siguiente, me graduaba con una maestría en periodismo.

Estoy convencida de que tener un sueño es una de las experiencias más transformadoras que podemos experimentar.

LOS SUEÑOS NOS MEJORAN. NOS VUELVEN MÁS PERSEVERANTES, MÁS CREATIVOS Y MÁS VALIENTES.

Es como si nos dieran superpoderes. Sé que cuando estoy desanimada tomo prestadas mi determinación, mis ganas de crear y mis fuerzas para seguir adelante de mi sueño. En su nombre hago cosas que a veces no haría ni para mí misma.

Los años pasaron. Hace ya muchas décadas que terminé el preescolar y las cosas cambiaron. Ya no envidio a esos niños que serían futuros biólogos, que nacieron con un sueño y miraban fascinados los vegetales del huerto escolar. Ahora me doy cuenta de que no me tocaba ser parte de ese grupo.

Yo no nací soñadora. Me convertí en soñadora con el tiempo. Porque los sueños, al igual que las lechugas, también se pueden cultivar.

«EL MAESTRO EN EL ARTE DE VIVIR APENAS DISTINGUE ENTRE EL TRABAJO Y EL JUEGO, EL ESFUERZO Y EL OCIO, LA MENTE Y EL CUERPO, LA INFORMACIÓN Y EL RECREO, EL AMOR Y LA RELIGIÓN. APENAS SABE CUÁL ES CUÁL. SIMPLEMENTE, PERSIGUE SU IDEA DE LA EXCELENCIA EN TODO LO QUE HACE, Y DEJA A LOS DEMÁS LA DECISIÓN DE SI ESTÁ TRABAJANDO O JUGANDO. A SUS PROPIOS OJOS ESTÁ HACIENDO AMBAS COSAS».

— JAMES A. MICHENER

SÉ EL ARQUITECTO DE TU SUEÑO: DESCUBRIENDO TU *IKIGAI* O AQUELLO QUE TE HACE LEVANTAR CADA MAÑANA

En Japón hay una región llamada Okinawa en la cual se han encontrado algunas de las poblaciones más longevas y vitales del planeta. Es común ver a los ancianos centenarios de esa zona andando en bicicleta, practicando artes marciales y hasta cultivando sus propias huertas. Además, en esa zona se han registrado algunos de los niveles más bajos de depresión del mundo.

Pero... ¿cuál es el secreto de estos «jovencitos» japoneses de la tercera edad?

Tras décadas de estudios, los especialistas han determinado que además de las amistades, una vida activa y una dieta saludable, lo que ha hecho que estos pobladores puedan vivir tantos años a plenitud es el desarrollo de lo que ellos llaman el *ikigai*. En Okinawa, el *ikigai* es la «razón de ser» de una persona. Se trata de tu propósito de vida, aquello que te hace levantar cada mañana.

Descubrir cuál es tu *ikigai* puede requerir tiempo y un gran trabajo a fin de conocerte a ti mismo. No obstante, los japoneses creen que el esfuerzo bien vale la pena. Ellos están convencidos de que aquellos que descubren su *ikigai* logran vivir una vida llena de sentido y satisfacción.

A continuación, te muestro un gráfico que te ayudará a comprender el concepto. Tiene cuatro círculos diferentes que contienen:

- Eso en lo que eres bueno (cocinar, empacar, etc.).
- Eso que amas (cantar, ver películas de musicales, comer helado, etc.).
- Eso que necesita el mundo (compasión, inspiración, conexión, inclusión, amor, etc.).
- Eso por lo que te pagan (escribir, conducir shows, planear campañas, crear contenidos, lanzar plataformas, etc.).

Se cree que todas las personas nacemos con nuestro propio *ikigai*. Es decir, que cada uno de nosotros nace para cumplir un propósito. Simplemente, no todo el mundo se toma el tiempo de descubrirlo.

Si aún no sabes cuál es, ¿te gustaría descubrir tu *ikigai*? Aquí abajo te comparto el diagrama que hice para mí misma. Recuerda ponerle atención especial a la unión de los diferentes círculos.

Tu **pasión** es aquello en lo que eres bueno y que amas. En esta definición de pasión excluiremos las actividades por las que te pagan o las que consideras que el mundo necesita. En mi caso, por ejemplo, se podría decir que una de mis pasiones es bailar. Creo que soy relativamente buena bailando y me encanta hacerlo, pero en realidad no creo que el mundo «necesite» de mis movimientos en la pista ni tampoco hay nadie que me pague por bailar, así que esta actividad se clasifica a la perfección como pasión.

Ikigai.

Tu **profesión** es eso en lo que eres bueno y por lo que te pagan. En esta categoría se excluyen las cosas que amas hacer y que el mundo necesita. Solo se refiere a tu talento para desempeñarte en alguna actividad remunerada. En mi gráfica, incluí editar vídeos y escribir guiones, que son algunas de las tareas remuneradas de mi trabajo en las que tengo facilidad, pero que no me ofrecen mucho disfrute.

Tu **vocación** es eso por lo que te pagan y que el mundo necesita. No necesariamente son las actividades en las que eres bueno o que más disfrutas haciendo. Yo aquí incluí hacer lanzamientos y crear contenidos de nichos.

Por último, tu **misión** es aquello que te encanta hacer y el mundo necesita (por esto no necesariamente te pagan ni tampoco tienes que ser especialmente bueno haciéndolo). Aquí incluí trabajos voluntarios, campañas de participación cívica con organizaciones

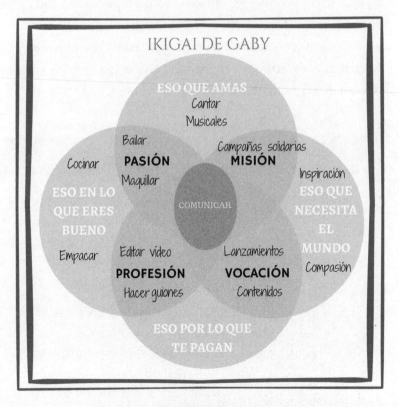

Ikagai de Gaby.

sin fines de lucro, eventos solidarios donde haya donado mi tiempo, etc.

En el centro está el punto donde se concentran todos los círculos. Piensa en cuál es la actividad que podría ser un hilo invisible para unir todo el conjunto. *Ese es el ikigai*. En mi caso, mi *ikigai* es COMUNICAR. Es aquello que amo hacer, en lo que soy buena, por lo que me pagan y algo que (humildemente) me gusta pensar que el mundo necesita o disfruta de alguna manera.

Ahora es tu turno.

Toma una hoja y comienza a anotar en una lista todas las actividades que se te ocurran. No te limites en tus ideas. Las actividades que elijas pueden ser algo cotidiano o cosas realmente extraordinarias. Sigue tu corazón y no juzgues tus pensamientos. Escribe todo lo que venga a tu mente sin pensarlo demasiado. Una vez que tengas la lista, fíjate en qué actividades le corresponden a cada grupo.

Tu ikigai es exactamente el centro donde se une eso en lo que eres bueno, eso que amas, eso que el mundo necesita y eso por lo que te pagan.

Ahora que ya conoces tu *ikigai*, ¿qué es lo que te va a hacer levantar mañana en la mañana?

Para pensar

En un pequeño pueblo japonés, una mujer se estaba muriendo. De pronto tuvo la sensación de ser llevada al cielo y encontrarse delante de la voz de sus antepasados.

—¿Quién eres? —le dijo una voz.

—Soy la esposa del alcalde —respondió ella.

—Yo no te pregunté de quién eres esposa, sino quién eres tú.

—Soy la madre de cuatro hijos.

—Yo no pedí que me dijeras cuántos hijos tienes, sino quién eres.

—Soy una maestra de escuela.

> *—Yo no te pregunté cuál es tu profesión, sino quién eres.*
>
> *La mujer no parecía hallar una respuesta satisfactoria para la pregunta, hasta que dijo:*
>
> *—Yo soy la que se despierta cada día para cuidar de mi familia y alimentar las mentes jóvenes de los niños en mi escuela.*
>
> *Entonces ella pasó el examen y fue enviada de vuelta a la tierra. A la mañana siguiente se despertó sintiendo un profundo sentido de significado y propósito: había descubierto su ikigai.*
>
> *—Anónimo*

SÉ EL ARQUITECTO DE TU PSIQUIS: ¿VAS A RE-CALCULAR O A RE-VENTAR?

Ahora que estás conectándote con tu yo arquitecto para crear tu plan de acción, hay algo que nunca debes olvidar: por más detallado y bueno que sea tu plan, siempre habrá cosas que no podrás controlar.

Hasta el arquitecto mejor preparado del planeta debe enfrentarse con variables que no controla al ejecutar su plan: el cliente puede pedir cambios de último momento, la aprobación de los permisos quizás demore más de lo anticipado, y hasta puede ocurrir que alguien se accidente durante la construcción.

Déjame ahorrarte el suspenso. Los planes «perfectos» no existen. Tu plan, al igual que el mundo en que vivimos, nunca será perfecto. Así que mejor que desde ahora hagamos las paces con la imperfección y abracemos nuestros planes «ferpectos».

Enojarnos cuando las cosas no salen exactamente como queríamos es la garantía para pasar todo el día yendo de un ataque de ira a otro. ¡Siempre habrá problemas e imprevistos! Un ejemplo adecuado de esto son las fiestas de boda.

Hay pocos días en la vida de una persona que sean planeados con tanto esmero como el día de su casamiento. En estas ocasiones especiales le damos rienda suelta a nuestro yo arquitecto y nos encargamos de programar todo al detalle. Se organiza con anticipación quiénes serán invitados a la ceremonia, cuál será el menú, qué música se escuchará durante la velada, e incluso dónde estará sentado cada comensal. Nada queda librado al azar.

Sin embargo, por más planes que hagamos, la vida siempre hace su magia y muy posiblemente haya cosas que no salgan exactamente como fueron pensadas. Quizás un tío borracho se salga de libreto y revele alguna indiscreción de la pareja en pleno discurso. O podría ocurrir que a un bebé le dé un ataque de llanto en el preciso instante en que los novios intercambian sus votos de forma romántica. O tal vez se trate de algo tan mundano como que resultó un día de lluvia y la ceremonia tuvo que hacerse bajo techo en lugar de al aire libre.

¿En qué nos enfocaremos? ¿Con cuál parte del día nos quedaremos? ¿Con el disgusto por la lluvia/el tío borracho/el bebé llorando que empañó nuestro plan perfecto o con la mirada de profundo amor durante el intercambio de anillos?

Hay gente que dice que el día de la boda es el más feliz de sus vidas. Otros opinan que la fiesta de casamiento es un fiasco, pues todos se divierten menos los novios, que se la pasan estresados corriendo de aquí para allá. ¿Quién tienen la razón? Probablemente ambas opiniones sean ciertas. La respuesta depende de dónde elijamos poner nuestra atención.

La clave para volvernos arquitectos de nuestra psiquis es empezar a distinguir claramente entre lo que podemos controlar y lo que no podemos controlar.

Al igual que no podemos tener el control en lo que respecta a si habrá lluvia o no en el día de nuestra boda, tampoco podemos controlar el tráfico, los disgustos o muchos contratiempos con los que nos enfrentamos cada día. ¿Qué nos pasa cuando nuestro plan se complica? ¿Cómo reaccionamos? ¿Eres como esos novios que no pueden disfrutar de su gran día porque sirvieron la comida fría? ¿O de los que disfrutan su boda aunque les toque bailar bajo la lluvia? Recuerda que aun en las circunstancias que están fuera de control, todavía hay algo que puedes controlar: tu reacción.

Como arquitecto de tu psiquis, hay dos opciones que siempre tienes a tu disposición frente a un problema: re-calcular o re-ventar.

Reventar de ansiedad, de ira, de tristeza... reventar es muchas veces la respuesta casi automática que tenemos cuando sentimos que las cosas se nos van de las manos. Podemos reventar frente al tráfico que no avanza, al profesor que nos reprobó en el examen, la pareja que otra vez no nos escucha, o el jefe que nos negó una promoción.

Reventar puede a veces ser catártico. Después de ventilar toda tu frustración tal vez te sientas un poco más aliviado, pero al final del día el fondo del asunto seguirá siendo el mismo, ya que el problema que te hizo enojar permanece sin solución. Esta es la manera más improductiva de reaccionar frente a un problema. Es una renuncia voluntaria al rol de protagonista de tu propia historia.

Vivir reventando significa convertirte en un actor pasivo de tu vida. Es ceder el poder y ponerte a merced de las circunstancias o las personas que logran sacarte de tu eje. Además, reventar te desgasta. Te quita energía. Y lo peor de todo, hacerlo regularmente puede inclusive afectar tu salud.

Tu otra opción es recalcular. Recalcular significa simplemente usar tu energía para buscar otro camino.

Por lo general, no nos agrada cuando el GPS del auto nos dice esa palabrita tan temida. Eso implica que cometimos un error en nuestro camino o que nuestro tránsito al destino se ha complicado por alguna razón. A nadie le gusta cuando tal cosa ocurre.

No obstante, cuando las cosas no marchan como planeamos, recalcular es lo mejor que podemos hacer.

Recalcular te devuelve el poder de cambiar de rumbo, de buscar otras opciones. Es tu manera de pisar el acelerador y no permitir que nadie más decida tu camino. Aquellos que recalculan toman el volante y reclaman el lugar de mando en su vida. Y con un poco de suerte, un día ven los problemas que casi los hicieron reventar como apenas un punto en la distancia por el espejo retrovisor.

Revientas cuando:

- Culpas a los demás por tus circunstancias.
- Crees que todo depende de los factores externos.
- Enfocas tu tiempo y tu energía en las cosas que no puedes controlar.

Recalculas cuando:

- Sabes que eres responsable de tus elecciones.
- Confías en que, aunque haya dificultades, tienes la capacidad de buscar nuevos rumbos.
- Enfocas tu tiempo y tu energía en las cosas que puedes controlar.

En primera persona:

Recalculando como arquitecta de mi (futura) familia

Miré mis muñecas casi sin reconocerlas. Estaban llenas de pinchazos. Las agujas habían dejado su rastro en mi piel.

Pensé que no habría espacio para hacer una punción más, pero me equivoqué. Todavía había venas por pinchar. «Parezco salida de la película *Trainspotting*», me dije a mí misma haciendo uso del humor negro que me caracteriza en estas situaciones. Sin embargo, no formaba parte de un filme sobre adictos a la heroína, sino que

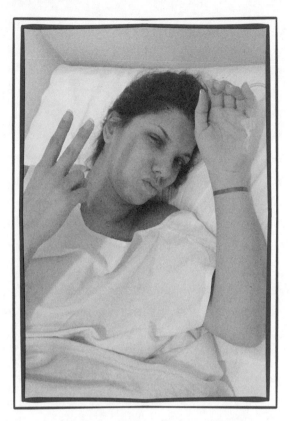

Recuperándome de la extracción de óvulos
en una clínica de Buenos Aires, Argentina.

me encontraba en el mismo laboratorio al que había ido casi todos los días de las últimas dos semanas para que me extrajeran sangre.

«En veinticuatro horas le mandaremos los resultados de tus chequeos al doctor Alejandro», me informó el enfermero mientras retiraba la jeringa y me colocaba un algodón con una banda adhesiva sobre el pinchazo.

Yo miraba hacia un costado como he hecho toda mi vida cuando me sacan sangre a fin de no asustarme. Me decía a mí misma: «Ojos que no ven, corazón que no siente (ganas de marearse)».

Soy. Super. Impresionable.

Más de una vez grabando historias en quirófanos o morgues para la televisión he tenido que salir a tomar aire para evitar caer desmayada. ¡Solo es ver sangre y que empiece a dar vueltas el mundo!

Al día siguiente, tuve mi cita cara a cara con el ginecólogo. Me esperaba serio y con un gráfico en la mano.

«Mira, Gaby, después de los treinta y cinco años la curva de la fertilidad de la mujer empieza a caer. Pero no lo hace de manera gradual, sino abruptamente. Si vas a tener hijos, mejor que te decidas pronto, porque ya tienes treinta y seis», me dijo el médico con brutal honestidad.

Gracias doctor por recordarme lo machista que es la naturaleza. Mientras Mick Jagger y sus congéneres vienen al mundo equipados biológicamente para tener su octavo hijo a los setenta y dos años, yo a los treinta y pico tenía que apurarme para definir qué iba a hacer con mi vida. Y más vale que lo pensara bien, porque de acuerdo a lo que me había explicado el doctor Alejandro, mi «fecha de vencimiento reproductiva» estaba a la vuelta de la esquina.

Hablando mal y pronto, *se me estaba pasando el arroz.*

Mi cabeza iba a mil por hora. *¿Y si tengo un bebé ahora que todavía soy joven, pero me doy cuenta de que hubiera sido mejor esperar? ¿Y si espero un poco más y después ya no tengo posibilidades de quedar embarazada? ¿Y si en unos años hay complicaciones por haberlo hecho demasiado tarde? ¿Quiero? ¿No quiero? ¿¿¿Qué quiero??? Yo sé lo que deseo. Deseo tener tiempo para hacer las cosas a mi propio ritmo. Quiero tener la posibilidad de planear mi vida en función de mis sueños y no de mi reloj biológico.*

«Deseo congelar mis óvulos», le dije con firmeza al doctor.

Ese era un tema que ya habíamos hablado mi esposo Andy y yo, y junto con la adopción nos parecía la mejor opción para nosotros.

Cada día era testigo de cómo el concepto de familia se volvía más inclusivo. A las familias tradicionales ahora se le suman las ensambladas, las adoptivas, las conformadas por madres y padres solteros, o por parejas del mismo sexo. Si el mundo me mostraba tantas y tan diversas formas de conformar una familia, ¿por qué no abrir mi mente también a una idea ampliada de la maternidad?

Toda la vida busqué la libertad. La libertad creativa. La libertad económica. La libertad de elegir a quién amar o con quién pasar mi tiempo. Si amaba tanto la libertad, ¿por qué no buscar también mi propia libertad reproductiva?

Fue así que me convertí en arquitecta de mi propio plan familiar y comencé el tratamiento.

La *vitrificación de ovocitos* (nombre científico del procedimiento) es una técnica relativamente nueva que permite extender la fertilidad de la mujer al recolectar y guardar óvulos para usarlos más tarde. El primer bebé concebido a través de un óvulo conservado nació en 1986. Desde entonces, miles de niños alrededor de todo el mundo han nacido cada año a través de este proceso.

Sin embargo, no todo es color de rosas. El tratamiento también tiene sus desventajas, ya que puede ser algo doloroso y como en cualquier procedimiento médico no hay garantía total de éxito. Para colmo, no es nada barato (cada ciclo cuesta alrededor de 15.000 dólares en Estados Unidos, 5.000 euros en España, y entre 3.000 y 6.000 dólares en América Latina).

Las conversaciones que Andy y yo teníamos en preparación para el tratamiento eran de película. Pasábamos de los chistes sobre los posibles efectos secundarios de tantas hormonas («*Doctor, tenga piedad, ¿qué tan graves pueden llegar a ser los cambios de estado de ánimo de mi esposa?*») a las charlas serias e incluso macabras luego de llenar los formularios legales de la clínica (*Si la paciente se muere durante el procedimiento, pero los óvulos son congelados con éxito, ¿quién será designado como propietario del material genético? ¿Se desecharán o se conservarán los óvulos congelados de la difunta?*).

Para mí, el tratamiento conllevaba una dificultad adicional: tendría que superar mi miedo a las agujas. Esto se debía a que el proceso requería que aprendiera a aplicarme yo misma inyecciones de hormonas. Muchas inyecciones.

Durante semanas, me administraría fármacos en dosis variables que el médico establecería en función de cómo fueran evolucionando mis niveles en sangre. ¡De solo pensar en las agujas ya me daba vueltas el cielorraso!

Mi marido, que conoce lo impresionable que soy, se ofreció a aplicarme él mismo las inyecciones. Sin embargo, le dije que no, pues a decir verdad... ¡el parecía más asustado que yo!

Pasado el shock inicial, decidí que lo mejor era tomar las cosas con calma. Quizás parte de mi aprendizaje en este proceso fuera comenzar a enfrentar mis temores.

A fin de prepararnos, el doctor nos había dado unos vídeos instructivos donde se mostraba paso a paso cómo preparar la jeringa y las drogas. La primera noche que me tocaba inyectarme las hormonas los miré una y otra vez. Preparé la jeringa tal y como vi que lo hacían en las grabaciones. La llené con los fármacos y me pasé la gasa con alcohol por la zona del abdomen donde sería el pinchazo.

Sin pensarlo dos veces, sujeté la piel del abdomen formando un rollito hacía afuera y le clavé de lleno la aguja oprimiéndola hasta descargar todo el contenido de la jeringa. ¡Pum! Al retirar la aguja, me di cuenta aliviada de que había hecho lo que tanto miedo me había dado. ¡Hacer las paces con las agujas había sido mucho más fácil de lo que había pensado!

Aprendí a cargar y descargar los fármacos usando la aguja, a chequear las líneas medidoras del cilindro, y hasta a darle pequeños golpecitos a la jeringa para quitar las burbujas de aire que hubieran podido quedar atrapadas en la dosis. En total, tuve que ponerme veinticinco inyecciones durante el tratamiento.

Algunos días parecían sacados de una comedia de enredos. Como las inyecciones debían mantenerse refrigeradas y se administraban a horarios específicos, hacíamos planes para ir a cenar con los amigos, pero solo en restaurantes que se encontraran a dos cuadras o menos de nuestro hotel.

Una vez, mientras cenábamos en una cantina, llegó la hora de los fármacos, así que me excusé discretamente por unos minutos y le pedí al mesero que por favor me mantuviera caliente la comida. ¡Creo que ni en un millón de años se debe haber imaginado que entre la entrada y el plato principal yo había hacho una pausa para inyectarme!

El día antes de la extracción de los óvulos, cuando me puse la última inyección de hormonas, estaba tan orgullosa que me filmé explicando el proceso. Me había convertido en toda una experta en darme pinchazos.

Al día siguiente, entré al quirófano satisfecha de haber podido cumplir con mi parte. Al despertar de la anestesia, lo primero que vi fue la carita sonriente de mi marido que muy divertido me tomaba la foto del recuerdo (la que está impresa al principio de este apartado) y me anunciaba que todo había salido bien.

Para mí, pensar en la maternidad de una manera amplia y no convencional significa liberarme de la tiranía de vivir contra reloj. La vitrificación y la adopción son mis declaraciones de independencia. Me dan la posibilidad de planear mi familia según mis propios términos.

A veces, tomar decisiones no es nada fácil, pero no quiero permitir que los miedos me detengan.

¡Prefiero congelarlos!

ALGUNAS SUGERENCIAS PRÁCTICAS PARA ALIMENTAR AL ARQUITECTO QUE HAY EN TI

- *Distingue entre lo que puedes controlar y lo que no puedes controlar.* Los planes más eficientes son los que se hacen sabiendo que hay variables fuera de nuestro alcance. Anticipar escenarios y crear planes alternativos puede ayudarte a manejar mejor aquellas situaciones en las que tienes poco o ningún control.

- *Los pasos pequeños sumados cumplen grandes metas.* Divide grandes objetivos en metas más chicas. Ahora divide esas metas más chicas en listas de tareas realizables. Elabora un plan para ejecutar esas tareas cada día o de forma regular. Las tareas sencillas realizadas constantemente producen grandes resultados. Imagínate que las sumas durante un año. Es mejor hacer algo (ya sea poco o mucho) día a día que esperar y querer hacerlo todo contra reloj al mismo tiempo.

Por ejemplo, si nunca fuiste a la universidad y piensas que la única manera de graduarte es renunciando al trabajo que te da el dinero para vivir y dedicándote cuatro años a tiempo completo solo a estudiar, va a ser bastante difícil que te decidas a tomar cursos en la universidad.

No obstante, ¿qué pasaría si cambias el enfoque? Quizás esa carrera de cuatro años tenga un título intermedio a tan solo uno o dos años de estudiar. Puedes primero ocuparte de ir estudiando a tiempo parcial mientras trabajas para obtener ese título intermedio. Una vez que ya lo tengas, seguramente tus opciones de trabajo serán más y mejores. Esto te dará una motivación extra para continuar con la última parte de la carrera. Con el tiempo y a tu paso, podrás lograr ese título que en un principio te parecía imposible de alcanzar.

- *Sé arquitecto de tu energía.* Aprender a ser administradores conscientes de nuestra energía es una de las tareas más difíciles. No todo ni todos son igual de importantes. Cada día te vas a cruzar con situaciones o personas que pueden robarte la calma. Por más difícil que a veces parezca, haz un esfuerzo para no permitirlo. Tu paz interior depende exclusivamente de ti. Las personas no pueden quitarte la calma a menos que tú se los permitas.

Buscar, mantener y proteger tu equilibrio emocional es parte del trabajo que implica ser arquitecto de tu psiquis. A veces es difícil no sentirse afectado cuando somos blancos de comentarios o situaciones injustas o desagradables, pero al final del día lo fundamental es saber si esa situación o comentario realmente merece tu atención. ¿Esa persona o ese problema que está a punto de robarte la calma es realmente una amenaza concreta a tu sueño o tu felicidad? Si no es así, simplemente sigue adelante. No te desgastes con lo que no vale la pena. Vas a necesitar tu energía y tiempo para dedicárselos a lo que sí tiene valor. Al final del día, las cosas realmente importantes en la vida son muy pocas.

SÉ EL ARQUITECTO DE TU PLAN: CUIDADO CON LA MENTIRA DE LOS SUEÑOS BINARIOS

El mundo de la computación está regido por un lenguaje que se llama *código binario*. Se trata de un sistema de numeración con solo dos dígitos: el cero y el uno. A cada número se le atribuye una cualidad. El cero significa apagado, el uno significa encendido. Básicamente, se emplea la misma lógica que en un interruptor de luz.

Para muchos, los sueños también parecen estar escritos en código binario. Si un sueño no se concreta o «enciende» en un cierto tiempo, lo descartan y queda para siempre en «modo apagado». Esta lógica es la misma que usan aquellas personas que abandonan la dieta a la primera oportunidad que caen en alguna tentación prohibida. ¡Es como si esa gran «mancha» fuera tan inaceptable que es mejor tirar por la borda la dieta entera!

Esta visión binaria de los sueños suele ser la principal razón por la que la mayoría de la gente se da por vencida. «Esto es lo que siempre quise, intenté lograr y no funcionó», se dicen muchos a sí mismos. Y así sin más el sueño va a parar al bote de la basura.

Es por eso que el modelo binario es un veneno para los soñadores.

Si concibes tus metas, proyectos o sueños como un desafío al estilo de «todo o nada», te paralizarás. Cualquier contratiempo te servirá de excusa para decirte a ti mismo que tu sueño es imposible de lograr. Así se descartan de forma prematura e injustificada una gran parte de sueños y objetivos que en realidad resultan alcanzables.

¿Qué sería de la gota de agua que cae en la piedra si usara el modelo binario para medir su potencial? Probablemente, después de caer un par de veces contra la piedra abandonaría su tarea y se daría por vencida, sin saber que su naturaleza y destino conllevan la posibilidad de atravesarla.

Si eres de los que viven su vida usando el modelo binario, examínate con sinceridad. ¿Qué pasaría con tus sueños si les dieras el permiso de tener más estados que tan solo encendido y apagado?

Consideremos ahora nuestras aspiraciones de una manera diferente. Hay otro modelo que también proviene del área de la tecnología y que es mucho más acertado a la hora de pensar en nuestros sueños. Se llama el modelo de la *innovación incremental*.

La *innovación incremental* plantea la posibilidad de llegar a un resultado deseado a partir de un proceso creciente y escalonado. Es el tipo de innovación gradual que se puede ver en la evolución de la rueda: las rudimentarias ruedas de piedra de la prehistoria dieron paso primero a elaboradas ruedas de carreta y luego a las sofisticadas ruedas de caucho que usamos en los autos modernos de hoy en día.

Si aplicamos este modelo cuando pensamos en nuestros sueños, nos daremos la posibilidad de ir mucho más allá del encendido y apagado. Ya no se trata de un escenario donde las únicas opciones son acertar o errar.

Nuestros sueños serán consecuencia de una sucesión de avances continuos y acumulativos.

Al seguir este modelo nos volvemos conscientes de que cada escalón avanzado no solo es valioso, sino que también es una condición previa para el siguiente. Si comenzamos a ver nuestros sueños desde esta nueva perspectiva, ¿qué razón podríamos tener para renunciar a ellos?

La ironía es que al reemplazar el modelo binario de pensar sobre los sueños por el de la innovación incremental, terminamos logrando justo lo que buscábamos en un principio: tener nuestro sueño siempre «encendido».

La palabra autorizada

El astronauta José Hernández

UN SUEÑO «INCREMENTAL» QUE FUE DE LA TIERRA AL ESPACIO

Una de las historias acerca de un «sueño incremental» que más me ha impactado es la del astronauta José Hernández. Cuando tuve el privilegio de conocerlo, me quedé fascinada por la tenacidad de este inmigrante mexicano.

Con el astronauta José Hernández. Desde su infancia en los campos de cultivo hasta su ascenso al espacio en el trasbordador Discovery, José es un ejemplo de perseverancia.

José nació en una familia de campesinos muy humilde. Pasó su niñez mudándose constantemente entre Michoacán, México y California para acompañar a su familia en la recolección de frutas y verduras. Aunque era apenas un niño, sus días de trabajo eran arduos, comenzando a las cuatro de la mañana y terminando cuando caía el sol.

Durante toda su infancia, la escuela fue un problema para José. Los viajes que hacía junto a su familia para trabajar de un sembrado en otro no le permitían enfocarse en sus estudios de manera estable. El ritmo de trabajo lo obligaba a saltar de escuela en escuela. Como resultado, perdía tres meses de clases cada año.

Al llegar a la preparatoria, su retraso con respecto al resto de los niños era notable, siendo a comienzos de su adolescencia que logró aprender a hablar inglés de manera fluida y a entender lo que le enseñaban en clase.

A pesar de la simpleza de su vida, José miraba el cielo y soñaba en grande. Cuando era apenas un niño de nueve años, en plena cena familiar, observó fascinado en la televisión las primeras imágenes del hombre llegando a la luna. El pequeño José quedó tan impactado que tomó ahí mismo la decisión que marcaría su destino: le anunció a su familia en plena cena que había decidido ser astronauta.

En lugar de reírse y tomarlo como una ocurrencia infantil, Don Hernández se puso serio. «Hijo, si de veras lo quieres hacer y trabajas bien duro, lo vas a lograr», fue la respuesta de su padre.

Los años pasaron y la familia Hernández logró dejar de mudarse y se asentó en Stockton, California. Estudiar en una misma escuela durante todo el año le permitió al pequeño José enfocarse en los estudios y recuperar el tiempo perdido luego de tantas mudanzas.

Las palabras de su padre habían quedado grabadas a fuego en la mente de José, que se concentró en tomar todas las clases que pudiera de ciencia y matemáticas. No fue fácil, pero se sumergió en los libros con el mismo empeño que había puesto en trabajar en el campo. A los pocos años, lograba terminar la preparatoria como alumno destacado.

Enfocado en dar el próximo paso en su sueño, José siguió mirando las estrellas. Sabía que la única manera de cumplirlo era estudiando ingeniería. Cinco años más tarde, José se convertía en ingeniero. No cabía en sí de la dicha. ¡Después de tanto tiempo, ya estaba a un paso de cumplir ese sueño de ser astronauta por el que venía luchando desde los nueve años!

Sin embargo, las cosas no siempre resultan como se planean. A José le esperaba todavía un camino largo para llegar a hacer realidad su sueño. Un camino casi tan largo y complejo como el que separa a las estrellas de los campos de frutas en los que había pasado su infancia.

El problema era que, a pesar de ser ingeniero y poner todo su empeño, el estricto programa de entrenamiento de la NASA no aceptaba a José como parte de su equipo. Por más que intentaba e intentaba, siempre obtenía la misma respuesta: un no rotundo.

A este soñador, todavía le faltaba un largo trecho por recorrer. Mejor dicho, once largos trechos, porque fueron once las veces en las que la NASA rechazó el pedido de José. Recién en el intento número doce, este inmigrante de Michoacán logró su gran sueño de convertirse en astronauta.

Hernández dice que la clave para no desanimarse y seguir perseverando fue mantenerse enfocado. Cada vez que se cerraba una puerta, él preguntaba qué debía hacer para mejorar la próxima vez. En lugar de ofenderse, con cada rechazo iba aprendiendo qué era lo que le faltaba para avanzar. Sabía que cada negativa que recibía lo acercaba más a su meta.

Finalmente, en el año 2009, José se unió a la NASA como astronauta e hizo historia al convertirse en el primer mexicano que participó en una misión espacial tripulada. Desde el espacio, bajó la vista hacia la Tierra, el planeta cuyo suelo había cultivado durante tantos años con sus propias manos desnudas, y comprobó que ni siquiera las estrellas son inalcanzables para quien sueña con todo su ser.

Consejos de José para ser el arquitecto de tu propio plan

«Primero, decide qué quieres ser en la vida, cuál es tu meta. Después, reconoce qué tan lejos estás. Entonces, crea un plan o una ruta para alcanzar tu objetivo. Luego, prepárate, estudia. Finalmente, dedícale la misma cantidad de esfuerzo que hacen a diario aquellos que trabajan en el campo. Si mezclas todo eso, tienes la receta para triunfar en la vida».

EL ARQUITECTO — EJERCICIO OPCIONAL: PENSANDO Y PLANEANDO EN DETALLE TU SUEÑO

Preparé este ejercicio adicional para aquellos que aún no sepan cómo definir su sueño o para los que quieran ir a más a fondo en el planeamiento y la conceptualización de su sueño. Es optativo. Si sientes que ya estás listo para seguir adelante, puedes avanzar directamente al próximo capítulo de *El Círculo Virtuoso*. En cambio, si piensas que sería bueno que conocieras a tu yo arquitecto con más profundidad, este ejercicio es perfecto para ti.

Quiero que dediques un minuto a imaginarte la casa de tus sueños. Detente a pensar en cada detalle de ese hogar:

- ¿Dónde estaría ubicado? ¿En tu ciudad o en otro lugar lejano?
- ¿Qué paisaje lo rodearía? ¿Una playa tropical, un bosque de pinos, o quizás seas de los que aman vivir en un coqueto rascacielos con vista a una gran ciudad?
- ¿Qué tamaño tendría? ¿Te gusta un hogar pequeño y acogedor o gigante e imponente como una mansión?

Ahora que ya tienes la *imagen mental* de cómo sería la casa, tu próximo paso es reunirte con un arquitecto profesional. Él será quien te ayude a pasar de la imaginación a la acción.

Mientras más claridad y detalles tenga tu imagen mental de la casa, más fácil será la tarea de «traducir» esa idea a algo real. Resulta muy probable que para avanzar tengas que plantearte algunas preguntas.

Un primer grupo de preguntas estarán centradas en definir y entender más *cómo es* la casa que imaginaste. Esas son las preguntas destinadas a comprender el *concepto* de la casa.

Ejemplos de preguntas de concepto

¿Cuáles son las características específicas de la casa? ¿Qué es lo que la diferencia de cualquier otra? ¿Por qué esta casa es la adecuada para la persona?

Cuando haya quedado definido el concepto de la casa, será hora de contestar un segundo grupo de preguntas. Estas preguntas tendrán que ver con los *aspectos prácticos de la construcción* de tu vivienda. Se trata de cuestiones sobre la *ejecución* de la casa.

Ejemplos de preguntas de ejecución

Prioridades: *¿Cuáles son los cimientos que mantendrán esta casa en pie? ¿Qué partes de la misma son realmente fundamentales y cuáles son secundarias?*

> **Elementos:** *¿Qué recursos materiales y humanos se requieren para construir esta casa? ¿Qué habilidades o técnicas profesionales son necesarias para edificarla?*
>
> **Etapas del proyecto:** *¿Cuáles son los procesos necesarios para construir esta casa? ¿En qué orden deben seguirse estos procesos?*
>
> **Plazos:** *¿Cuánto tiempo anticipamos que necesitaremos para construir la casa?*

Una de las razones por las que un arquitecto profesional te hará tantas preguntas es que su trabajo consiste en ser un «puente» entre la imagen mental que tienes en tu cabeza y la casa que efectivamente será construida ladrillo a ladrillo en el mundo real.

En nuestro ejercicio, los roles están muy claros: tú eres el que imagina la casa ideal y el arquitecto profesional es quien te ayuda a encontrar la mejor manera de transformar esa idea en realidad.

Sin embargo, ¿qué pasaría si en lugar de construir una casa estuvieras construyendo tu sueño?

Esa es una tarea que nadie más puede hacer por ti. ¡Tú mismo eres el que debe hacer el trabajo del arquitecto!

Tu tarea será tener la idea más clara posible de esa imagen mental del sueño (concepto) y definir cuál es el mejor plan para llevarlo a la realidad (ejecución). Para eso, deberás estar listo para contestar el mismo tipo de preguntas que antes habías contestado sobre la casa, solo que está vez lo harás teniendo en mente tu sueño.

¿Estás listo?

A continuación, aparece una copia exacta de las preguntas que leíste más arriba. El único cambio es que se ha reemplazado la palabra *casa* por la palabra *sueño*. Así que ha llegado el momento de convocar al arquitecto que hay en ti para comenzar a definir el concepto y llevar a cabo la ejecución de tu sueño.

Ejemplos de preguntas de concepto

¿Cuáles son las características específicas del sueño? ¿Qué es lo que lo diferencia de cualquier otro? ¿Por qué este sueño es el adecuado para la persona?

Ejemplos de preguntas de ejecución

Prioridades: *¿Cuáles son los cimientos que mantendrán este sueño en pie? ¿Qué partes del mismo son realmente fundamentales y cuáles son secundarias?*

Elementos: *¿Qué recursos materiales y humanos se requieren para construir este sueño? ¿Qué habilidades o técnicas profesionales son las necesarias para edificarlo?*

Etapas del proyecto: *¿Cuáles son los procesos necesarios para construir este sueño? ¿En qué orden deben seguirse estos procesos?*

Plazos: *¿Cuánto tiempo anticipamos que necesitaremos para construir el sueño?*

Responde las preguntas del arquitecto con total sinceridad. Anótalas en una hoja y verás que comienzas a tener los elementos básicos acerca de tu sueño y sabrás cómo dar esos primeros pasos para llevarlo a cabo. Al final del ejercicio, deberías tener unas cuantas ideas para poder completar las siguientes oraciones:

Comenzando a definir el CONCEPTO de tu sueño

- Mi sueño es...
- Las características específicas de mi sueño son...
- Mi sueño me hace feliz y es bueno para mí porque... (me permite expresarme, me da libertad creativa, me abre un horizonte nuevo de ingresos, es mi verdadera vocación, me va a ayudar a mejorar mi salud, me permitirá conectarme con gente interesante, etc.).

Comenzando a definir la EJECUCIÓN de tu sueño

- **Prioridades:** Para lograr mi sueño, los tres objetivos más importantes que me harán avanzar son...

- **Habilidades nuevas:** Para conquistar mi sueño necesito aprender a...

- **Fortalezas:** De las habilidades personales que ya tengo, mis fortalezas para llevar a cabo este sueño son... (soy optimista, organizado, ya sé algunas de las cosas que necesito, etc.).

- **Áreas para mejorar:** Las habilidades más importantes que necesito perfeccionar para lograr mi sueño son... (aprender más sobre computación, animarme a hablar en público, certificarme en alguna especialidad, informarme más sobre mi sueño, etc.).

- **Recursos materiales básicos:** Lo *mínimo* que necesito para comenzar a desarrollar mi sueño es... (la clave aquí está en la palabra *mínimo*. Piensa en lo primero que necesitas para ponerte en movimiento).

- **Recursos materiales a favor:** Algunas cosas que ya tengo de las que necesito para mi sueño son... (lista todo lo que venga a tu mente. No mires el vaso medio vacío. Es posible que ya tengas muchas cosas útiles que estés dando por sentado como acceso a Internet, correo electrónico, una computadora, etc.).

- **Recursos materiales a conseguir:** Los primeros recursos materiales o cosas que necesito para empezar a poner mi sueño en acción son...

- **Mi red de ayuda:** Las personas u organizaciones que podrían ayudarme para cumplir mi sueño son... (aquí puedes incluir especialistas, amigos, familiares, colegas, mentores, instituciones educativas, profesionales, organismos financieros, etc.).

- **Plazos:** Me propongo cumplir con mis primeros tres objetivos en un período de tiempo de...

CAPÍTULO 4

EL HACEDOR: EJECUTA TU SUEÑO

Un camino, si no lo andas, nunca llegas.
Un terreno, si no lo cultivas, nunca da frutos.
Un negocio, si no lo atiendes, nunca prospera.
Un hombre, si no se educa, nunca mejora.
Un trabajo, si no lo empiezas, nunca lo terminas.
Un libro, si no lo aplicas, nunca lo entiendes.

—PROVERBIO ASIÁTICO

El hacedor es el tercer arquetipo de *El Círculo Virtuoso*. Llega a tu vida para poner el deseo en movimiento. Te enseña que el momento perfecto no existe, que eres mucho más libre de lo que piensas y que a veces lo mejor es pensar menos y hacer más. ¡Sabe que estás listo para lanzarte a la aventura aun cuando tú todavía no te termines de animar!

En tu yo hacedor encontrarás a ese cómplice que te dará el empujón final que necesitas para deshacerte de las dudas y comenzar a andar. Bajo su guía pragmática comenzarás a ejecutar las ideas que concebiste de la mano del soñador y los planes que construiste junto al arquitecto. Con su ayuda podrás crear, inventar o ejecutar lo que necesitas para que tu transformación personal pase —¡por fin!— de la teoría a la práctica.

Tu yo hacedor te reafirma lo que ya sabes: *que quedarte en el mismo lugar para evitar enfrentar tus miedos no te dará esa seguridad que buscas.* En realidad, esto tendrá el efecto inverso. Sucede que, en un mundo atravesado por el cambio constante, no hay nada más arriesgado que quedarse inmóvil aferrado a lo ya conocido.

El hacedor es un aliado familiar. Él habita en ti desde hace mucho tiempo. Es ese impulso inexplicable que te lleva a atreverte, a ir por más y a seguir avanzando aun cuando estás asustado.

Estaba a tu lado cuando eras solo un niño y tuviste el valor de andar en bicicleta sin rueditas por primera vez. Te palmeó la espalda orgulloso cuando te sobrepusiste a la vergüenza y te animaste a declararle tu amor a esa persona especial. Te dio el coraje que necesitabas para hablar en público el primer día de clases frente a una sala llena de compañeros nuevos. Fue la dosis extra de arrojo que demostraste al ponerte firme con tu jefe y lograr esa promoción que hacía rato te merecías.

El hacedor cree en ti y te exige que tú también lo hagas. Te recuerda que lo único imposible es aquello que no intentas. Que no se puede ser un «hacedor de grandeza» sin antes tener la certidumbre de tu propia grandeza. Que para lograr lo que nunca has logrado deberás atreverte a hacer lo que nunca has hecho.

El que hace es valiente: enfrenta sus miedos y se expone ante la mirada ajena.

El que hace llega el fondo de la verdad: solo los que se animan descubren cuáles son los límites de lo posible.

El que hace es consecuente: no se queda en palabras, sino que predica con el ejemplo.

El que hace es inmortal: desafía su finitud a través de su legado.

El hombre encuentra en la capacidad hacedora y creativa una faceta elevada. No es casualidad que textos sagrados de diferentes religiones se refieran a su dios como «el Supremo Hacedor».

En la antigua Grecia, se creía que las grandes acciones de los hombres eran resultado de una intervención celestial. Si daban buenos discursos, creaban edificios majestuosos o eran eximios matemáticos, los verdaderos «hacedores» detrás de su talento eran los dioses del Olimpo que expresaban su poder a través del trabajo humano. Para los griegos, ser un «hacedor» consistía entonces en encender una chispa interior que los conectaba con la divinidad y les permitía acceder a un pozo inagotable de ideas.

En cambio, para el líder indio Mahatma Gandhi, el hacer no era necesariamente un acto divino, sino un requisito previo a fin de que los hombres puedan aspirar a la plenitud. Él estaba convencido de que la anhelada felicidad solo puede alcanzarse cuando lo que uno piensa, lo que uno dice y lo que uno hace están en armonía.

Ese es el gran regalo que el hacedor trae bajo el brazo: la posibilidad de que acciones, palabras e ideas estén alineadas entre sí. Se trata de la oportunidad única de transitar la vida en congruencia y no en contradicción con tu deseo.

Todos venimos al mundo equipados con herramientas que son extraordinarias. Nuestro trabajo es sacar ese tesoro oculto a la luz.

El hacedor versus el aprendiz

Antes de continuar, me gustaría hacer una aclaración. El hacedor y el aprendiz (el arquetipo del próximo capítulo) están íntimamente relacionados, pues ambos nos guían y acompañan en el momento en que empezamos a llevar a la práctica nuestra visión. Ellos nos obligan a cuestionarnos a nosotros mismos y preguntarnos qué nos pasa a medida que los planes que elaboramos junto al arquitecto van pasando de lo imaginario a la realidad.

Por una cuestión de claridad, voy a abarcar cuestiones diferentes en cada uno de estos dos capítulos.

- En «El hacedor» consideraré cómo comenzar el camino de la transformación personal puede modificar las dinámicas interpersonales con la gente que nos rodean y también poner de manifiesto nuestras propias prioridades.
- En «El aprendiz», por otra parte, me centraré en los aspectos relacionados con el desarrollo de la estructura mental que más favorece el aprendizaje y el perfeccionamiento de nuestras habilidades.

En este capítulo encontrarás

- «El termómetro del hacedor», un método fácil de pensar en tu propia manera de hacer y descubrir tu *rango de desempeño sostenible óptimo*.
- «La palabra autorizada», donde Don Francisco, el gran hacedor de la historia de la televisión, comparte el

camino al éxito que lo llevó de su Chile natal hasta el libro Guinness de los récords tras consagrarse como el creador del programa más longevo en la historia de la televisión.

- «Consejos para cuidar a tu yo hacedor», donde analizaremos la relación que existe entre tu paso por *El Círculo Virtuoso* y los demás. Veremos cómo anticipar las respuestas de los otros cuando comienzas el camino de la transformación personal, y de qué manera aprender a identificar a los aliados y las personas negativas en tu propio entorno.

- Se incluyen dos segmentos «En primera persona»: «Lola Superstar – ¿Malas personas o malos momentos?» y «Todos estamos conectados – La historia de Nelva, mi abuela y aliada».

EL TERMÓMETRO DEL HACEDOR: DESCUBRIENDO TU DESEMPEÑO SOSTENIBLE ÓPTIMO

Cada vez que me subo a un avión los miro con envidia. Son los viajeros que van siempre en sandalias y shorts. Están presentes en todos los aeropuertos del planeta independientemente de la época del año. Yo los he bautizado como los «Viajeros Aloha», porque parece que estuvieran en medio de un resort en Hawaii.

Los «Viajeros Aloha» se ven despreocupados, como si hubieran aprovechado hasta el último minuto posible en la playa y luego sin pensarlo mucho agarraron su maleta y se fueron hasta el aeropuerto tal y como estaban vestidos. ¡Qué agradable sería poder ser un «Viajero Aloha» al menos por un día!

Mi preparación básica para tomar un avión es la opuesta a la de los viajeros en sandalias. Tengo que planear todo con anticipación, porque vivo muerta de frío vaya donde vaya. Pueden llamarme «Viajera Esquimal» si quieren, que no me voy a ofender.

Mi vestuario y equipaje de mano nunca están librados al azar. Como siempre tengo más frío que el resto de la gente, me preocupo por llevarme todos los abrigos necesarios. Si no tomo precauciones, me esperan horas de congelamiento una vez que se cierren las puertas del avión. Es por eso que he desarrollado varias técnicas de preparación para viajar. Por lo general, estas incluyen vestirme usando varias capas de ropa de abrigo (casi siempre negra para que no se note tanto si se arruga) y llevar en el maletín de mano mis propias cobijas de viaje o ponchos de lana si quiero estar más elegante.

Para los «Viajeros Aloha», viajar como lo hago yo sería una pesadilla, ya que se pasarían todas las horas de vuelo sudando deshidratados. Para mí, volar como ellos (en sandalias y shorts) sería una tortura insufrible, que seguramente me haría llegar a mi destino estornudando y a un paso del resfrío.

Lo mismo ocurre con nuestras percepciones del esfuerzo: cada persona tiene una diferente. Lo que para alguien es una exigencia máxima para otro quizás ni siquiera constituye un desafío. Es por eso que vale la pena explorar *tu propia combinación ideal* entre enfoque y relajación. Una manera de hacerlo es a través de lo que llamo «El termómetro del hacedor».

«El termómetro del hacedor» es una escala. A la izquierda, se encuentra la relajación total. A la derecha, el enfoque máximo.

Mientras más a la izquierda nos movamos en el termómetro, más actividades que incluyen la gratificación inmediata y el ocio encontraremos. Allí habrá un mayor número de vacaciones, jornadas más breves de trabajo, gastos impulsivos o cosas que nos dan una satisfacción instantánea.

Mientras más a la derecha nos movamos en el termómetro, más cerca estaremos de las actividades que requieren enfoque, compromiso y gratificación aplazada. Estas actividades incluyen ahorrar

El termómetro del hacedor.

para el futuro, jornadas de trabajo extendidas, hábitos saludables de vida, y otras cosas por el estilo.

A la hora de desplegar el poder de tu yo hacedor, resulta fundamental que comiences a definir en qué consiste tu *rango de desempeño sostenible óptimo*. En algún lugar a través de esta escala hay un tramo que representa los valores con los que potenciarás tu capacidad. Este es un rango que representa tu propio equilibrio personal entre el enfoque y la relajación. Quizás involucre trabajar un cierto número de horas, irte de vacaciones, tomarte tiempo libre una determinada cantidad de veces al año, o tener una proporción específica entre ahorro y gastos.

Si te vas demasiado a la izquierda en el sentido de la relajación, tu desempeño no será óptimo. Habrá demasiadas distracciones. Tal vez tu experiencia sea agradable y esté plagada de satisfacciones inmediatas, pero los resultados futuros con un nivel tan bajo de compromiso serán muy inciertos.

Si te vas demasiado en el sentido del enfoque, tu desempeño no será sostenible. Tu camino te ofrecerá tan poco disfrute que es muy posible que quieras renunciar a él después de un tiempo, pues nadie puede estar trabajando sin pausas ni gratificaciones durante toda su vida. Además, es probable que con el tiempo tu salud o tus relaciones se dañen irreparablemente.

La única manera de ver cuál es la combinación ideal para ti es probando.

Algunos preferirán tener más tiempo hoy, a pesar de que eso signifique contar con menos posibilidades de poseer conocimientos o dinero mañana, o quizás el caso sea a la inversa. Es posible que descubras que hay cosas que no estás dispuesto a sacrificar por nada del mundo, o tal vez sería posible lo contrario. Quizás te sorprendas estando dispuesto a hacer muchísimas más concesiones de lo que pensabas originalmente con tal de luchar por tu sueño.

Lo mejor de todo es que —¡a diferencia de la temperatura en el avión!— el desempeño sostenible óptimo se da en un rango de valores, no solamente en un punto.

Haz una lista de las actividades que son prioridad para lograr tus sueños, las que te dan placer y las que tienes que hacer todos los días. Ahora mira el termómetro y ubícalas en la escala que va de la relajación total al enfoque máximo.

Puedes intentarlo con distintas combinaciones para probar los límites superiores e inferiores de tu rango. Así descubrirás si prefieres sumar más actividades que requieran enfoque o si en cambio puedes lograr los mismos resultados que tienes ahora añadiéndole algo más de relajación a tu vida.

Aquí te muestro un diagrama del «Termómetro del hacedor» que hice para mí misma en función de este momento de mi vida en el que estoy escribiendo este libro y trabajando en varios proyectos nuevos.

El termómetro de Gaby.

En el medio se encuentra mi propio *rango de desempeño sostenible óptimo*. A la derecha, están dos ejemplos de cosas que no estoy dispuesta a hacer: (1) pasar un año entero sin tomarme al menos unos días de vacaciones y (2) quedarme regularmente toda la noche sin dormir trabajando.

Si bien he tenido momentos en mi vida en los que las cosas han sido intensas y he debido ser flexible en ambas cuestiones, también he aprendido que no se puede pasar años enteros sin tomarse tiempo de descanso ni tampoco hacer de las noches en vela una rutina regular de trabajo. Son cosas que se pueden hacer bajo circunstancias excepcionales, pero no son *sostenibles* en el tiempo.

Ningún proyecto importante y a largo plazo se arruina por unas vacaciones, ni tampoco se «salva» si realmente está en problemas por que pasemos una noche en vela. Así que elijo dejar esas opciones fuera de mi *rango de desempeño sostenible óptimo*.

Por otro lado, sé que necesito orden y estructura para dar lo mejor de mí. Es por eso que a la izquierda de mi círculo están otras dos cosas que según mi criterio están demasiado del lado de la relajación: el hábito de dormir hasta el mediodía y el de gastar todo lo que se gana. Si abrazara esas opciones, estaría atentando contra mi posibilidad de tener un desempeño *óptimo*.

Lo bueno del «Termómetro del hacedor» es que puedes ir moviendo el *rango de desempeño sostenible óptimo* según el momento de tu vida o el proyecto en que te encuentres. Quizás sepas que al principio deberás posicionarte mucho más a la derecha de la escala para tener el mayor enfoque posible, pero una vez que logres tus primeros objetivos puedes planear moverte más hacia la izquierda si así lo necesitas.

Ya sea de una manera o de otra el «Termómetro del hacedor» es un ejercicio que vale la pena hacer. Descubrirás cuáles son realmente tus prioridades, cómo optimizar tu desempeño, y las claves para hacerlo sostenible a largo plazo.

Algunas preguntas para pensar en tu propio «Termómetro del hacedor»

- ¿Cuáles son los sacrificios que SÍ estarías dispuesto a hacer por tu sueño? (ejemplo: trabajar en horarios o días diferentes, usar tus fines de semanas para estudiar o trabajar, vivir distante de tus seres queridos, etc.).
- ¿Cuáles son los sacrificios que NO estarías dispuesto a hacer por tu sueño? (ejemplo: mudarte, dejar de pasar las fechas especiales con tus seres queridos, etc.).
- ¿Cuál es el rango de horas al día o la semana que estarías dispuesto a dedicarle a tu sueño?
- ¿Cuál es el mínimo y el máximo tiempo de vacaciones o tiempo de recreo con el que te sientes cómodo?

- ¿Cuáles son los cambios que SÍ y NO estarías dispuesto a hacer en tus finanzas de camino a tu sueño? (ahorrar un porcentaje más grande de tu ingreso, pagar deudas, reinvertir tu dinero en capacitarte en nuevas habilidades, destinar dinero que hoy se gasta en diversión a fin de comprar cosas necesarias para tu sueño).

En primera persona

Lola Superstar — ¿Malas personas o malos momentos?

No todas las personas que encontramos en nuestro viaje son buenas o malas. Hay matices grises.

Este relato es una historia real que decidí incluir para reflexionar sobre la importancia de no apresurarse a juzgar a otros, sino más bien detenernos un minuto y diferenciar entre malas personas... y malos momentos.

En el mismo instante en que entré a la oficina, mi producción me pasó el recado: mientras estaba en el baño había llamado la gran Lola Superstar, la presentadora estrella de la televisión española. «Te dejó un mensaje. Dice que nos envió un correo electrónico por error, que está tremendamente apenada y avergonzada. Nos ruega que, por favor, ni lo leamos, que no le demos importancia y lo borremos inmediatamente», me informaron.

Nuestro editor, Jeremías, estaba muerto de curiosidad. No aguantó más el suspenso y se arriesgó a decir pícaramente: «¿Será que sin querer nos mandó fotos íntimas?». A decir verdad, lo preguntó con un dejo de ilusión. ¡Lola Superstar era una belleza despampanante y estoy segura de que le hubiera encantado espiar esas fotos privadas al menos de reojo en caso de que existieran!

Revisé mi correo personal, pero no había nada de parte de Lola en mi casilla. Quizás se tratara de un error.

Como estábamos tan apurados por cerrar el show de la próxima semana, les pedí que no se distrajeran con la misteriosa llamada de Lola Superstar. Más tarde me ocuparía de averiguar sobre el tema. Ahora, lo más importante era cumplir con nuestra fecha límite y asegurarnos de que todo estuviera listo para la próxima emisión de *SuperLatina*.

Ese día había sido especialmente bueno. Acabábamos de anunciar en un comunicado de prensa que la marca de cosméticos más grande del planeta (una famosísima marca francesa) me había elegido como su embajadora y corresponsal en la alfombra roja de los Grammys Latinos. *SuperLatina* y su equipo estarían en Las Vegas haciendo toda la cobertura para ellos. ¡Era una oportunidad realmente increíble!

Al rato, una productora me reenvió un correo electrónico que había entrado en la casilla que usamos para los comunicados de prensa. Era el de Lola.

¡Ahora sí que entendía por qué había llamado compungida pidiendo que borráramos su mensaje! Lola le había escrito un correo electrónico a su manager para comentarle sobre nuestro anuncio de prensa, pero en el apuro había cometido un error. En lugar de *reenviar* el comunicado y mandárselo al destinatario, había presionado *responder* y nos había enviado su mensaje a nosotros.

Sin querer, nos había mandado el siguiente correo:

Estimada [nombre de la manager de Lola Superstar]:
Oportunidades como esta del comunicado de Gaby Natale son las que deberíamos estar llevando a cabo y buscando. ¡A ella le va súper!

Sería bueno estudiar juntas lo que está haciendo, ver con quién se está asociando, y contactarlos a ellos o a sus competidores.

Entre tú y yo. Tengo mucha más experiencia que Gaby, tengo mejor sentido de la moda y, aunque suene mal, soy más bonita (soy Lola Superstar al fin y al cabo. ¡Ja!).

Dime qué te parece.

L.

¡Vaya! Mi primera reacción al leer el correo fue de sorpresa. ¡Solo faltaba que me criticara también al perro (o mejor dicho a mi gatita, la Bombona)!

Me había tocado compartir con Lola Superstar en diferentes ocasiones y si bien no éramos amigas, no me había parecido una persona especialmente hostil o competitiva. ¡Al contrario, me caía muy bien!

Lo segundo que me llamó la atención fue mi falta de enojo. En otro momento me hubiera puesto furiosa al recibir un correo así. En definitiva, Lola Superstar me había catalogado de feíta, novata y con poco sentido de la moda. ¡Hasta planeaba contactar a mis patrocinadores a fin de robármelos! ¿Por qué no estaba llamándola enfurecida para insultarla?

Me costaba pensar que Lola era un monstruo. Sentí que no era la voz de ella, sino la de su inseguridad la que estaba reflejada en el correo electrónico. Me di cuenta de que —aunque escondido entre los insultos— el antipático correo expresaba un sentimiento que no me resultaba del todo ajeno: el de la frustración. Lola estaba buscando oportunidades y sentía que otros, en este caso yo, se las estaban «robando».

Fue ahí que entendí finalmente la razón por la que no me había enojado: *yo también había sido como Lola alguna vez.*

Yo también había tenido momentos en los que sentía que las oportunidades se me escapaban. Yo también había tenido momentos en los que había criticado a otros. Yo también había tenido momentos donde cedí a la tentación de pensar que un triunfo de los demás se convertiría en una oportunidad menos que estaría disponible para mí. No. Lola Superstar no era una mala persona. Solo estaba pasando por un mal momento.

Me quedé pensando un rato y decidí reconocer una verdad incómoda: yo también había tenido mi propio «momento Lola Superstar» en el pasado y le debía una disculpa a alguien más. Se trataba de un episodio que había ocurrido hacía muchísimos años, pero todavía lo recordaba. Había llegado el momento de hacer las paces con el pasado.

En mi primer trabajo frente a las cámaras en Estados Unidos me sentía tremendamente insegura. Me habían contratado para ser la presentadora principal de noticias en un canal de televisión que en ese momento era el líder de la ciudad. ¡Estaría a cargo de las noticias y me sentía feliz con la oportunidad! En especial, me daba una gran ilusión la posibilidad de conducir el show comunitario del fin de semana. Contaba con un formato mucho más versátil que el de las noticias. ¡Era perfecto para mí!

Sin embargo, no todo era miel sobre hojuelas. Como buena primeriza, también estaba llena de miedos.

Sabía que mi puesto de trabajo era extremadamente competitivo. Mi jefe, el director de noticias, no dejaba pasar una oportunidad sin recordarme que todo el tiempo le llegaban currículums de candidatos interesados en ocupar mi posición.

Para mí, la presión era triple —profesional, legal y familiar— ya que en ese momento yo no era ni ciudadana ni residente de los Estados Unidos. Solo tenía un permiso de trabajo temporal, y para colmo mi salario (que no era ninguna fortuna) representaba el único ingreso de la casa.

Me sentía presa de una situación precaria en la que había mucho en juego. Si perdía mi empleo, no solo me vería en la calle. También mi marido Andy y yo nos quedaríamos sin estatus legal y deberíamos abandonar los Estados Unidos para volver a empezar quién sabe dónde.

Un día, mi jefe me llamó a una reunión especial. Quería darme la noticia de que pronto tendría una compañera nueva de trabajo: Perla C., una locutora de radio muy popular de la ciudad que se sumaría al equipo. Antes de dar por terminada la reunión, me tiró la bomba. «Casi se me olvida, cambié de opinión. Ya no serás tú, sino Perla C., la conductora del show comunitario del fin de semana», me dijo con su tono casual de siempre.

Bajé la cabeza y me tragué el orgullo. ¡Hacía meses que estaba ilusionada con ese show, pero sabía que tenía demasiado que perder si me quejaba! Así que le dije que todo estaba bien y volví humillada a mi escritorio.

¡Por fuera mantuve las apariencias, pero por dentro estaba echa una furia! *¿Quién se creía que era la tal Perla C. para venir a robarme MIS oportunidades? ¿Por qué le estaban dando a ella MI show del fin de semana?* Desde ese momento, tuve a Perla C. entre ceja y ceja.

Cuando llegó a su primer día de trabajo, la recibí con un saludo cortante. A mis otros compañeros de noticias les había dado una bienvenida cálida y un recorrido por la estación, pero a la «ladrona de shows» apenas le dirigí la palabra.

¡Mi inseguridad comenzó a escalar hasta las nubes! Estaba pendiente de lo que hacía Perla C. y por supuesto todos sus comentarios me caían mal, cualquier cosa que proponía en las reuniones me parecía fatal y en el trabajo hacía lo posible para interactuar con ella solo lo mínimo y necesario. Todo lo que hacía levantaba mis sospechas. Si se había quedado con uno de mis shows, ¿qué le impediría quedarse directamente con mi puesto?

¡Para colmo de males, mi jefe adoraba a Perla C.! Y se pasaba todo el día hablándome maravillas de ella. Que Perlita había dicho esto, que Perlita había hecho lo otro... ¡Estaba hasta la coronilla de escuchar hablar de ella! No obstante, como buena masoquista que soy, cada domingo ponía la televisión para ver su show al aire y torturarme sufriendo como loca. Habían pasado meses ya del estreno, pero me seguía dando tremendo enojo ver a esa «usurpadora» ocupando la silla que me habían prometido a mí.

Un día, coincidimos en la cabina de edición. ¡Qué fastidio me dio verme forzada a compartir unos minutos con la «roba shows» mientras esperaba que se copiara un archivo de vídeo!

Era la primera vez que nos tocaba permanecer unos minutos a solas. Como siempre, evité profundizar y entrar en una charla extensa con ella. Me quité de encima el momento incómodo hablando tonterías de chicas. Le comenté al pasar que me acababa de hacer una manicura «estilo francés» y que me encantaba como se veía a través de las cámaras. En cuanto el vídeo que estaba esperando se hubo copiado, me despedí de Perla C. y salí rápido de la cabina, aliviada de dar por terminado el intercambio entre nosotras.

Al día siguiente, cuando llegué al trabajo, había un paquetito sobre mi escritorio. Era un kit para hacer manicura francesa que Perla C. me había dejado como regalo sorpresa. Me sentí como una tonta. Un gesto de generosidad era lo último que esperaba de mi «archienemiga».

Perla C. me había dado una gran lección. Desde que había entrado a trabajar con nosotros, me había portado como una niña caprichosa, responsabilizándola por las decisiones de mis jefes y dándole un trato gélido como si cada oportunidad que yo no hubiera logrado en la estación fuera culpa de ella. Había sido tremendamente injusta. Y ahora «la usurpadora» había tenido el detalle de traerme un regalito.

A pesar de mi hostilidad, mis respuestas cortantes y mis miradas de recelo, Perla C. había tenido la sabiduría de no devolver inseguridad con inseguridad. Había podido elevarse por encima del «ojo por ojo» y me había dado una ofrenda de amistad... ¡en la forma de un kit de manicura para uñas francesas!

Por alguna razón, cuando recibí el correo antipático de Lola Superstar, el kit de manicura que me regaló Perla C. volvió a mi mente. ¡Yo también tenía que darle una segunda oportunidad a Lola! Sin embargo, antes de escribirle la respuesta, quise hacer lo que hacía tiempo debía haber hecho: pedirle disculpas a Perla C.

Así que le envié por Facebook el mensaje que ves reproducido aquí abajo:

Hola Perla, espero estés pasando un hermoso domingo. Hace ya bastante tiempo que tengo ganas de escribirte. Quería decirte algo que tengo atravesado desde hace varios años. Pienso que cuando viniste a la estación de televisión fui una compañera muy fría y territorial. La verdad es que me sentía tremendamente insegura y en riesgo, pues mi visa de trabajo dependía de que yo pudiera conservar ese empleo. Además, el estatus migratorio de mi marido también dependía del mío, así que sentía una presión bastante grande. Te quiero pedir perdón si alguna vez esa frialdad te incomodó o te hizo sufrir. Me enseñaste una gran lección cuando aun siendo «la nueva» enfrentaste mi frialdad con una sonrisa, buenos gestos y hasta un regalito (un kit de manicura, ¿te acuerdas?). Me sentí como una tonta por haberme mostrado tan insegura con alguien que se notaba que era una buena persona. Ya pasó mucho tiempo, pero más vale tarde que nunca a la hora de pedir disculpas por las cosas de las que no estamos orgullosos, ¿verdad? ¡Te mando un abrazo enorme! Gaby

Y ella me contestó así:

Lo que existe en mi mente y corazón con respecto a ti es una gran admiración y respeto ante esa lucha por lograr tus proyectos de vida y ser cada día mejor. Me quedo con ese gran ser humano que hay en ti, con esa humildad que has tenido al ofrecer una disculpa, eso me hace admirarte aún más. ¿Y sabes algo? Todo lo que pasó cuando trabajamos juntas en Univision quedó atrás; ni me acuerdo, ¡es más, para mí nunca sucedió! ¡Recibe un fuerte abrazo y mil bendiciones para ti y los tuyos!

¡Qué reconfortante fue recibir una respuesta tan bonita de Perla C.!

Ella me enseñó que a veces vale la pena tomarse un minuto para ver a la gente más allá de sus actitudes del momento. Las buenas personas también tienen malos momentos. *¿Quién hubiera imaginado que iba a haber una lección de vida tan sabia en un simple kit de manicura?*

Me senté frente a la computadora y le escribí sin rencores un correo electrónico amistoso a Lola. ¿Cómo no la iba a entender si hace tan solo unos años yo había sido la Lola Superstar de Perla C.?

La gran diferencia entre Lola y yo fue que en esos momentos de debilidad con Perla C. pude desahogarme en privado. En cambio, Lola había tenido la mala suerte de que un error accidental la dejara expuesta y sus palabras llegaran a mí. ¿Cómo podía enojarme?

Elegí contar esta historia porque siento que a veces el orgullo nos juega una mala pasada y nos apuramos en entrar en rivalidades. Ahora, cada vez que me topo con un episodio amargo, me detengo un minuto para preguntarme: *¿se trata de una mala persona o de un mal momento?*

Tal como anticipaba, Lola no era ningún monstruo. Contestó mi correo contándome que se sentía tremendamente apenada por lo que había pasado y que no había tenido ninguna intención de lastimarme.

Nos dimos una segunda oportunidad y le dimos la vuelta a la página. Espero que si lee alguna vez este libro y se reconoce, le guste enterarse del «efecto dominó» que generó este pequeño incidente entre nosotras.

Y si, por el contrario, no le gustó encontrar aquí su historia, solo por si acaso... ¡esperaré unos días antes de volver a chequear mi correo!

Historia de un samurai:
El regalo de los insultos

Cuenta una antigua historia japonesa que en las afueras de Tokio vivía un samurai anciano. Todos lo admiraban, y era sabido que en sus años de juventud había peleado de manera honorable incontables batallas.

Ahora que el paso del tiempo ya no le permitía luchar, el viejo samurai se dedicaba a instruir a los más jóvenes. Cada tarde se reunía con sus aprendices y les daba clases, compartiendo con ellos la sabiduría aprendida tras tantos años de duro trabajo.

Una tarde de verano, mientras el viejo samurai daba sus lecciones, se acercó al grupo un hombre en busca de problemas. Se trataba de un guerrero joven de mala reputación.

Cuentan las malas lenguas que este joven gladiador se había hecho famoso por su técnica inescrupulosa a la hora de pelear. En cada enfrentamiento, buscaba la victoria calumniando y provocando a su adversario hasta que este, preso de la ira, cometiera un error que le hiciera perder la pelea.

Esa tarde, sintiéndose muy confiado, quiso probar su suerte contra el viejo samurai y lo desafió a pelear.

A pesar de la oposición de sus aprendices, el viejo samurai decidió aceptar el desafío y pelear contra el joven guerrero.

Durante la contienda, el joven guerrero insultó al viejo samurai. A medida que pasaba el tiempo, las ofensas iban creciendo en magnitud, llegando incluso a maldecir a los ancestros de su oponente, tirar piedras a quien se cruzara y escupir en la cara del viejo samurai.

Las horas transcurrían y el sabio samurai se mantenía inmutable frente a los ataques de su adversario. Al final de la tarde, el joven guerrero se dio por vencido y, enfurecido por la falta de respuesta del viejo samurai, abandonó la pelea.

Los estudiantes rodearon entonces al samurai y le preguntaron indignados:

—Maestro, ¿cómo ha podido soportar tanto? ¿Por qué no respondió con palabras y con su espada a la provocación del joven guerrero? ¿Por qué ha dejado que lo humillen así?

—Si alguien llega con un regalo y no lo aceptas, ¿a quién pertenece el presente? —les preguntó el maestro sonriente.

—¡A quien lo vino a entregar! —respondió un aprendiz.

—Pues lo mismo se aplica a la rabia, los insultos y la envidia —explicó el sabio samurai—. Cuando no los aceptamos, siguen perteneciendo a quien los llevaba consigo.

La palabra autorizada:

El gran hacedor de la historia de la televisión – Don Francisco

LA INSPIRACIÓN EXISTE, PERO TIENE QUE ENCONTRARTE TRABAJANDO.

—PABLO PICASSO

Mi encuentro con Don Francisco fue en un estudio de televisión en Miami. Él es tan perfeccionista como me anticiparon mis colegas de la prensa. Así que llegó a la cita puntual, impecable, perfumado, portando un traje hecho a la medida y con el maquillaje listo para salir al aire.

Tenía muchas ganas de conocerlo y hacerle una pregunta que solamente él puede contestar: ¿cómo se hace para crear el show más longevo en la historia de la televisión mundial?

Conversando en **Miami** con Mario Luis Kreutzberger,
también conocido como Don Francisco.

Y es que este gran hacedor de la comunicación logró lo
inimaginable: entrar en el libro Guinness de los récords consa-
grando a su *Sábado Gigante* como el show televisivo de mayor
duración luego de cincuenta y tres años al aire. Su constancia
de hierro le permitió estar al frente del único show del mundo
que ha emitido un nuevo episodio... ¡durante dos mil seiscien-
tas semanas consecutivas!

Pocos lo saben, pero Don Francisco dio sus primeros pasos
en la televisión con el pie izquierdo. Antes de tener su propia
estrella en el Paseo de la Fama de Hollywood o de ser visto
en cuarenta y tres países alrededor del mundo, lo pusieron de
patitas en la calle.

A las ocho semanas de haber debutado frente a cámaras
recibió una noticia devastadora: la estación donde trabajaba
había decidido despedirlo y quitar del aire su programa. La
explicación era simple: sus jefes, los directivos de programación de la cadena, no le veían futuro en los medios de comunicación, así que decidieron deshacerse de él. Don Francisco
pensó que el mundo se venía abajo. ¡Su gran sueño de tener

un programa propio había llegado a un abrupto e inesperado final!

No obstante, lo que ocurrió a la semana siguiente dejó a todos con la boca abierta: la gente saturó las líneas telefónicas del canal reclamando el regreso de Don Francisco. Los ejecutivos de la cadena no podían creer lo que estaba ocurriendo.

«La historia es sorprendente, porque después de haberme despedido en Chile, me volvieron a contratar. Y después de que me recontrataron, no solo seguí con esa hora semanal al aire. ¡Al tiempo se convirtió en un show que duraba ocho horas!», me confiesa con orgullo el presentador más famoso de la televisión en español durante nuestra entrevista.

Don Francisco tiene claro que fue el público el que revirtió su destino. La audiencia ha sido, es y será su carta ganadora. Sin embargo, esa no sería la última ocasión en que resultaría despedido de un canal de televisión al poco tiempo de comenzar. La historia se repetiría una vez más.

Al lanzar su show en los Estados Unidos, veinticuatro años más tarde, le volvió a ocurrir lo mismo: a las ocho semanas lo dejaron sin trabajo y cancelaron su show. ¡Lo más increíble de la historia es que al igual que en su primer despido en Chile, una semana más tarde volvieron a recontratarlo a pedido del público!

Para Don Francisco, comenzaba un camino lleno de satisfacciones, pero también de sacrificios. A veces, la famosa frase del mundo del entretenimiento que ordena que «el show debe continuar» se convierte en una carga pesada de llevar.

«Lo más difícil en estos cincuenta y tres años al aire fue cuando hubo problemas de salud en la familia. Tenía que salir a reírme cuando por dentro estaba llorando. Para mí, un animador de televisión no tiene edad, no va al baño, no transpira, no paga cuentas... Cuando tú ves a un conductor de televisión, no piensas en nada de eso... ¡Es como si fueras la reina Isabel! Uno tiene que responder a esa imagen y entregar lo mejor de sí», explica con convicción el Don.

Los deseos de Don Francisco de conquistar el mercado estadounidense eran tan grandes que durante años vivió casi literalmente con un pie en el avión. Como estaba al frente de programas semanales en Chile y Estados Unidos, se vio obligado a desarrollar un ingenioso sistema para poder vivir la mitad de la semana en un país y la mitad de la semana en otro.

En Chile, conducía casi hasta el final de las ocho horas que duraba su show. Sin embargo, al llegar el último segmento del programa, desaparecía del aire como por arte de magia. Un colaborador tomaba su lugar para hacer los últimos juegos y despedirse del público hasta la semana siguiente.

El cambio de roles tenía una explicación muy concreta: ¡Don Francisco debía salir corriendo hacia el aeropuerto! Necesitaba llegar a tiempo para subirse al único vuelo directo que había en esa época entre Santiago de Chile y Miami. Si se quedaba despidiéndose del público en su propio show... ¡perdía el vuelo! Al día siguiente, ya en Miami, ponía en movimiento el engranaje de Sábado Gigante versión hemisferio norte.

«Yo no trabajé nunca de nueve a siete. Yo trabajé 24/7. Toda mi mente, todo mi esfuerzo, toda mi capacidad iban dirigidos a hacer lo mejor posible mi trabajo... y a darle atención a la familia... que no le he dado la suficiente...», afirma Don Francisco.

Tras medio siglo al aire, muchos se preguntaron cómo habría sido para él ponerle fin a Sábado Gigante, a un ciclo que marcó un hito en la historia de la televisión.

Gaby: Después de más de cincuenta años al aire... ¿cómo hiciste para no llorar ante la cámara en la última emisión de Sábado Gigante?

Don Francisco: Yo nunca he pensado que tenía que llorar. Al contrario, para mí ese programa era épico... ¡una epopeya! Era el triunfo total de una guerra que nadie había librado en la historia de la televisión mundial. Yo había luchado y había logrado triunfar durante cincuenta y tres años. Iba a terminar el programa con mucha dignidad, tal como siempre lo hice. Iba a cerrar esa caja de los cincuenta y tres años y me iba a ir por el pasillo después de saludar a mis colaboradores y al público en un autobús. Y no dijimos: «Hasta luego», dijimos: «Hasta siempre».

Uno pensaría que después de tantos logros, Don Francisco da por descontado que el próximo éxito está a la vuelta de la esquina. Sin embargo, el más grande hacedor de éxitos de la televisión en español todavía siente mariposas en el estómago a la hora de comenzar un nuevo proyecto.

Don Francisco: Empezar de nuevo es un gran desafío. Da nervios. Uno con el tiempo tiene menos resistencia nerviosa de la que posee a los cuarenta años. Después de Sábado Gigante me propuse un nuevo desafío: reinventarme. Uno en esto tiene que conseguir nuevos públicos.

Gaby: ¿Te ves en el escenario hasta el último día de tu vida?

Don Francisco: Algunos no nos vemos en otro lado que no sea el escenario. No nos vemos en otro lado que no sea frente a las cámaras. No nos vemos en otro lado que no sea detrás de un micrófono... porque este es un oficio y al mismo tiempo una pasión.

Gaby: ¿Cómo te gustaría que te recordaran?

Don Francisco: Como un hombre trabajador, como un hombre que le entregó lo más que pudo a su familia y a su público. Espero que en los nuevos desafíos que enfrente me vaya bien... y también espero tener la capacidad de saber decir: «Señores, hasta acá llegué. No puedo más...».

En profundidad

Mira la entrevista completa con Don Francisco en www. elcirculovirtuoso.com donde nos cuenta:

- ¿Qué es más difícil de hacer durante cincuenta años: producir televisión o estar casado?
- ¿Cómo era trabajar en la televisión en Chile durante la época de Pinochet?
- ¿Qué sintió al despedirse durante la última emisión del programa Sábado Gigante?
- ¿A cuáles grandes presentadores descubrió y les dio su primera oportunidad?

ALGUNAS SUGERENCIAS PRÁCTICAS PARA SER UN HACEDOR MODELO DEL SIGLO VEINTIUNO

- *Sé un conector entre las personas.* Contrario a lo que muchos creen por inseguridad personal, abrirles la puerta a otros no va a hacer que pierdas oportunidades. Solo quienes tienen una mentalidad de escasez creen que el avance de los demás crea nuestro propio retroceso. No seas mezquino. Confía en que habrá suficiente abundancia para todos. Piensa que cada persona que hayas ayudado en el camino es un aliado potencial. Con el tiempo, descubrirás que toda esa gente a la que has beneficiado se ha convertido en una red de contactos invaluable que puede ser la clave para tu próximo paso. Hoy por ti, mañana por mí.

- *Cultiva tu curiosidad.* Si eres de los que piensan que «ya la hiciste» por tener un título académico, estás en problemas. Las habilidades que demanda el mercado laboral cambian constantemente y es indispensable estar al día con respecto a las novedades de tu industria. Dependiendo de la profesión que tengas, muchas de las cosas que aprendiste en las aulas pueden haberse vuelto obsoletas para cuando llegue el momento de buscar trabajo.

Uno de los ejemplos más extremos es lo que ocurre con los candidatos que buscan trabajo en Google. El departamento de recursos humanos del gigante tecnológico decidió hace años dejar de usar las calificaciones obtenidas o la universidad donde se graduó un postulante como variable principal para evaluarlo. Después de una extensiva investigación, llegaron a la conclusión de que esos factores ya no son decisivos a la hora de predecir el éxito de un trabajador en su empresa. Ahora, lo que define la contratación de un candidato es su habilidad de adaptarse al cambio y aprender habilidades nuevas.

- *Varias cabezas piensan más que una.* Los hacedores del siglo pasado estaban convencidos de que se las sabían todas y raramente escuchaban a otros. En especial si esos otros venían con ideas nuevas o cuestiones que nunca antes se habían probado. Las empresas y hacedores que triunfan en el nuevo siglo son los que se animen a colaborar, probar nuevas fórmulas, y en particular los que constantemente pongan a prueba sus hipótesis. Ellos saben que el día en que dejen de hacerlo se extinguirán.

- *Sé especialmente generoso con quienes estén pasando un mal momento.* Los que hemos atravesado alguna vez en nuestra vida la experiencia de estar desempleados o cortos de dinero, guardamos un lugar muy especial en nuestro corazón para aquellos que nos tendieron una mano cuando más lo necesitábamos. Es cierto que hay personas desagradecidas que por más que las ayuden muerden la mano que les da de comer. Pero son excepciones. No dejes que la ingratitud de unos pocos te robe las ganas de ayudar.

La mayoría de la gente recuerda con mucho cariño a quienes les facilitaron conocer a un nuevo contacto, les dieron información en medio de una búsqueda de trabajo, y les regalaron desinteresadamente una hora de su tiempo para aconsejarlos.

- *Pide disculpas.* Si en algún momento de tu camino las presiones, la debilidad o la inseguridad personal te convirtieron en un «hacedor patán», no pienses que es demasiado tarde para redimirte. Quizás lastimaste a los que te rodeaban o no le diste una oportunidad a alguien que se la merecía. Si estás genuinamente arrepentido, llama a la persona que puedas haber lastimado y díselo. Quizás te perdone, quizás no, pero sabrás que al menos hiciste tu parte. Hay pocas cosas más sanadoras que hacer las paces con el pasado.

- *Arma tu propio negocio a tiempo parcial.* La vida es cambio y hay que estar prevenido. Las relaciones o los empleos que antes eran tu fuente de bienestar pueden desaparecer de un día para el otro. Una de las maneras en que puedes estar mejor preparado si te tocan épocas de «vacas flacas» es teniendo una actividad aparte que te dé dinero extra. En la red hay muchísimas opciones para todo tipo de negocios y trabajos por cuenta propia. En el próximo recuadro te cuento exactamente qué oportunidades puedes comenzar a aprovechar hoy mismo para tener más dinero.

MANOS A LA OBRA: Comenzar con tu sueño cue$$$ta (algunas ideas para ganar dinero)

Es posible que para comenzar a poner tu sueño en acción necesites conseguir algún dinero extra. Quizás tengas que tomar clases para capacitarte o te haga falta comprar material o equipos. Sin embargo, ¿de dónde puedes sacar esos billetes adicionales tan necesarios? Es posible que estén más cerca de lo que piensas... ¡quizás incluso delante de tu nariz!

Vivas donde vivas y tengas la profesión que tengas, nunca ha habido un momento más fácil para hacer dinero extra de manera independiente.

Aquí te ofrezco algunas ideas para hacer crecer tu cuenta bancaria pasito a pasito en tus propios términos.

- **Ofrece tu trabajo en línea:** Regístrate en sitios de empleados autónomos para ofrecer tu trabajo en Internet. Hay mercados para muchísimas profesiones incluyendo diseñadores, escritores, asistentes virtuales, ilustradores y hasta en el servicio al cliente. También hay sitios de Internet donde te puedes registrar como tutor para dar clases virtuales y ayudar con sus asignaturas a niños en edad escolar.
- **Vende en sitios de clasificados:** Si tienes un negocio o simplemente hay cosas en desuso en tu casa que pueden convertirse en dinero, puedes multiplicar tus ventas ofreciéndolos también en línea. Si no sabes cómo diseñar una página web, no te preocupes. Puedes montar tu tienda en Internet a través de Ebay, Craigslist, MercadoLibre o en los sitios de clasificados disponibles de tu país. Esta actividad puede darte dinero dedicándole incluso un solo día de la semana. Puedes publicar los artículos nuevos y enviar los vendidos en los últimos siete días en el mismo momento.
- **Aprovecha tu conocimiento en reparaciones del hogar:** Si sabes algún oficio útil para hacer reparaciones en la casa (como plomero o electricista), también puedes ofrecer tus servicios en línea creando un perfil de Thumbtuck. ¡Es el momento de monetizar los arreglos caseros!

- **Ponte al volante en tu tiempo libre:** Regístrate para ser conductor en Uber, Lyft o algún otro servicio de conductores. Esta es una labor que puedes hacer eligiendo tus propios días y horarios de trabajo. Si en lugar de ser dueño de un auto tienes un camión, también hay oportunidades. Algunos servicios (como *UShip.com*) le pagan a los conductores para que los ayuden con sus encargos de entregas de paquetería.

- **Renta una habitación... ¡o tu casa entera!:** ¿Qué tal si ganaras dinero mientras estás de vacaciones? Esta no es una fantasía de ciencia ficción. Cada vez más gente renta su hogar o una habitación de su casa a través de servicios como AirBNB. La ventaja de esta forma de ingreso es que ganas dinero con lo que ya tienes.

- **Convierte en ganancias tus pasatiempos:** Si eres bueno creando cosas únicas como artesanías o manualidades, hay un mercado en línea para ti. A través de sitios como Etsy y Amazon Handmade puedes montar tiendas virtuales y vender tus creaciones alrededor del mundo. Los clientes de estas plataformas están buscando artículos originales y únicos, así que es posible que puedas cobrar incluso un poquito más que de costumbre.

- **Busca fondos para proyectos independientes:** Si tienes un proyecto en mente, pero necesitas financiación, prueba publicándolo en páginas de financiamiento colectivo o micromecenazgo como IndieGogo, Kickstarter, GoFundMe o Fondeadora. Estas plataformas te permiten compartir con el mundo cuál es el proyecto que te gustaría llevar a cabo y que cada persona que quiera apoyarlo haga una pequeña donación.

- **Crea cursos en línea:** Desarrolla cursos en Internet y véndelos a través de plataformas de aprendizaje como Udemy,

Coursera, Teachable o Next University. En estas plataformas hay gente enseñando de todo: desde clases de guitarra hasta cómo editar un vídeo o hablar en público. Aquí conviven profesores e instructores amateurs que venden sus cursos de manera independiente. El promedio de dinero que ganan los autores de cursos en línea es de $7.000 al año.

- **Libros digitales:** Quizás haya llegado el momento de hacer dinero con esos cuentos que escribes en tu tiempo libre y nunca te animaste a publicar. O tal vez sea hora de tomarle fotos a tus platillos favoritos y compilar esas recetas de la abuela que se guardaron bajo siete llaves durante generaciones. Si te gusta escribir, ya puedes publicar y vender tus propios libros aunque no tengas casa editorial. Las plataformas digitales de Amazon o Nook permiten que tú mismo ofrezcas tu obra de manera independiente. Amazon paga el 70% de las regalías a los autores independientes que comercialicen sus títulos con un precio de entre $2.99 y $9.99.

CONSEJOS PARA CUIDAR A TU YO HACEDOR

En este apartado, me gustaría explicar la relación que existe entre *El Círculo Virtuoso* y la gente que te rodea.

El Círculo Virtuoso es personal e intransferible. Y hay una razón muy poderosa para que sea así: nadie más que nosotros mismos puede decidir qué es lo que nos hace realmente felices. Solo tú sabes las motivaciones que te han llevado a comenzar este proceso y lo que esperas obtener de él. Así que nadie puede decirte cómo o cuándo deberías transitarlo.

Además, se trata de una experiencia que no puede ni debe depender de la aprobación de los demás. Cuando cumplir con las expectativas de otras personas se vuelve una fuente constante de insatisfacción, la desobediencia no es un defecto. Es un requisi-to previo para ser felices. Si estás viviendo tu vida de acuerdo a deseos o mandatos ajenos, haz de *El Círculo Virtuoso* tu declaración de independencia.

A medida que comiences a llevar a la práctica tu transformación personal de la mano del hacedor, los que te rodean comenzarán a notar tus cambios. Es posible que tus pensamientos, rutinas, planes y hasta tus prioridades se modifiquen. ¡No te sorprendas si la gente a tu alrededor comienza a tener sus propias opiniones sobre lo que estás haciendo!

Es importante que estés preparado para recibir reacciones varia-das de parte de aquellos que te rodean.

Algunos te motivarán en este nuevo camino, otros estarán confundidos y quizás necesiten más tiempo para comprender lo que está sucediendo, habrá quien no tenga el más mínimo interés en lo que estás haciendo, y también encontrarás a alguien que te ridiculice o te tenga envidia. No te alarmes. Todas estas reaccio-nes son humanas y naturales. Al transitar *El Círculo Virtuoso* estarás comenzando la conquista de ti mismo, y eso a veces puede movi-lizar a los demás.

Entre toda la gente que te rodea, habrá quienes desarrollen reacciones marcadas frente a tus cambios. Vas a encontrar *aliados* con ganas de ayudarte en este nuevo camino de *El Círculo Virtuoso* y también te cruzarás con otros que tratarán de desalentarte. A estos últimos los llamaremos *negativos*. Es bueno que identifiques a cada uno de ellos claramente y estés listo para anticipar sus reacciones. De esta manera, sabrás cómo desenvolverte mejor ante las situacio-nes que se presenten al interactuar con ellos.

IDENTIKIT DE LOS ALIADOS

- Están encantados de que te hayas decidido a comenzar tu trans-formación personal y quieren apoyarte en el proceso.

- Creen en tu potencial y te motivan para que sigas adelante. Son tus cómplices en esta aventura.
- Te devuelven el ánimo y la fe en ti mismo en tus momentos de debilidad. Los aliados no siempre te dicen que todo lo que haces es fantástico, también muchas veces disienten contigo.
- Si necesitan criticarte, lo hacen con cuidado de no lastimar tus sentimientos y solo si creen que su observación te puede ayudar a crecer.
- Sabes que estás frente a un aliado porque cuando terminas de hablar con él te sientes energizado y optimista.

IDENTIKIT DE LOS NEGATIVOS

- Son aquellos que tienen fuertes sentimientos negativos con relación a tu transformación personal.
- Su reacción puede ser provocada por el escepticismo, la ignorancia, o porque tu transformación los hace sentir amenazados.
- Enfocan su atención mayormente en los problemas, las dificultades o las desventajas que podrían resultar de tu transformación.
- No tienen la capacidad de ver tu potencial o peor, lo ven y eligen minimizarlo.
- Después de pasar tiempo con ellos, te sientes agobiado o con la energía por los suelos.

Haz un mapa mental de las personas que te rodean e identifica a los que tengan el potencial de convertirse en tus mayores *aliados*. Reclútalos y comparte con ellos tus sueños. Es importante que los hagas parte de tu aventura y que te ayuden a mantenerte fuerte en este camino.

Voy a ahorrarte el suspenso: va a haber momentos en tu tránsito por *El Círculo Virtuoso* en los que te vas a sentir débil o desorientado.

Tus fuerzas y tu entusiasmo serán puestos a prueba. Allí es cuando más necesitarás el apoyo de tus *aliados*. Nadie que haya llegado realmente lejos lo ha hecho sin un equipo.

Si descubres que entre tus afectos más cercanos hay alguien *negativo*, no te frustres. Cada uno tiene derecho a su propia opinión. No te fatigues intentando convencerlo. Simplemente sigue enfocado en tu camino. Las puertas que buscas abrir van a requerir de toda tu energía. Sé eficiente y úsala en tareas que valgan la pena.

También es importante que te tomes un minuto antes de ponerle a alguien el título de *negativo*. A veces, más que malas personas, lo que vemos son buenas personas en malos momentos. Sea como sea, no lo tomes de manera personal. Recuerda que las reacciones de los demás son justamente eso: de los demás.

HAZLO DE TODAS FORMAS[3]

A menudo la gente es irrazonable, ilógica y egocéntrica.
Perdónalos de todas formas.
Si eres amable, la gente puede acusarte de egoísta o de tener segundas
  intenciones.
Sé amable de todas formas.
Si eres exitoso, ganarás algunos falsos amigos y algunos verdaderos
  enemigos.
Ten éxito de todas formas.
Si eres honesto y franco, la gente puede engañarte.
Sé honesto y franco de todas formas.
Lo que tardas años en construir, alguien puede destruirlo en un instante.
Construye de todas formas.
Si encuentras serenidad y felicidad, pueden tener celos.
Sé feliz de todas formas.

---

3. Kent Keith, *Los mandamientos paradójicos. Cómo hallar el sentido personal en un mundo loco* (Madrid: Editorial Temas de Hoy, 2002).

El bien que haces hoy, a menudo será olvidado mañana.
Haz el bien de todas formas.
Da al mundo lo mejor que tienes y puede que jamás sea suficiente.
Da al mundo lo mejor que tengas, de todas formas.

—MADRE TERESA DE CALCUTA

En primera persona

Nelva, mi abuela y aliada

En este capítulo, no tengo una, sino dos historias en el segmento «En primera persona». Tenía ganas de compartir historias que tuvieran que ver con lo profunda y compleja que es la conexión entre la gente.

Este relato que cierra el capítulo está dedicado a mi abuela Nelva quien, a pesar de haber sido de otra generación, siempre fue una gran aliada en mis locuras y aventuras.

A veces, ni siquiera nos imaginamos hasta qué punto estamos conectados unos con otros. Los últimos años de vida de mi abuela Nelva me enseñaron a entender cómo el amor puede abrirnos canales de comunicación hasta en las circunstancias más insospechadas.

Siempre fui una nieta muy mimada. Nelva no solo era mi abuela, sino también era mi aliada. Ella me adoraba y me lo demostraba todo el tiempo: me consentía horneándome mis alfajores de maicena favoritos, bordaba a mano mi nombre en mi uniforme de preescolar, me daba clases improvisadas de tejido, y hasta se convertía en mi cómplice secreta haciendo por mí las tareas de manualidades que tenía que entregar en la escuela. ¡Cuando era niña, quedarme a dormir en su casa era para mí el mejor plan!

A medida que crecí, mi abuela Nelva y yo seguimos teniendo una relación muy linda. A pesar de mis tantas mudanzas (primero a otras ciudades y luego a otros países), estábamos siempre en contacto, queriéndonos a la distancia. Hablábamos por teléfono seguido y cada vez que iba de visita a Argentina, siempre buscaba tiempo para ir a verla y sorprenderla con flores o sus bocadillos favoritos de la panadería «La Paris».

Cada vez que la veía, me hacía su (algo indiscreta) pregunta favorita: «¿Tu marido y tú siguen enamorados?». Yo le contestaba que sí entre risas, tentada por su ocurrencia. Ella se daba por satisfecha y siempre me repetía lo mismo: «¡Qué alegría! Lo único importante es el amor, lo ÚNICO importante es el amor».

Las despedidas al final de cada viaje siempre me dejaban un nudo en la garganta. Sabía bien que algún día ese «¡Hasta la próxima Abu!» que yo trataba de hacer sonar alegre y casual se iba a convertir en un adiós definitivo.

Después de cumplir sus ochenta años, mi abu Nelva fue teniendo cada vez más achaques. Primero fueron sus manos. Esos dedos que habían sabido bordar, tejer y cocinar con total maestría comenzaron a temblar. Así que se vio forzada a dejar de hacer los pasatiempos que tanto le gustaban.

Después fueron sus piernas. Cada vez tenía menos fuerzas para sostenerse en pie. Un día se cayó, se quebró su cadera y ya no pudo volver a caminar.

En las últimas visitas, me di cuenta de que mi abuela estaba diferente: se había entristecido. Verse en una silla de ruedas había sido un golpe muy duro para ella. Le daba vergüenza tener que pedir ayuda y depender de otros. Por más que sus hijos y nietos buscaban animarla, ya no sentía las mismas ganas de hacer las cosas. Ni siquiera mis relatos le robaban una sonrisa.

Al poco tiempo le dio Alzheimer. Comenzó a tener olvidos y confusiones. Había días en que estaba perdida en el tiempo y el espacio. Yo seguía llamándola como siempre, pero las conversaciones ya no eran como antes. Nelva ya no me hacía preguntas y se cansaba a los pocos minutos de estar al teléfono. Lo que antes eran charlas, ahora se habían convertido en monólogos. Yo sentía que igual valía la pena llamarla, porque siempre es lindo recibir noticias de la gente querida.

Algo notable fue que, aun en sus peores momentos del Alzheimer, ella nunca se olvidó de quién era yo. Su mente le jugaba malas pasadas, pero no conmigo. A pesar de que transcurrían meses sin vernos en persona, cuando le avisaban que tenía una llamada de su nieta me decía con total seguridad: «¡Hola, Gaby!», y volvía a la carga: «¿Tu marido y tú siguen enamorados? ¡El amor es lo único importante!».

Un día, su cuerpito frágil no pudo más. Tuvo un ACV (accidente cerebro-vascular) que la dejó en coma. Los médicos nos explicaron que mi abuela había quedado en un estado de inconsciencia profunda. Ya no podía hablar ni respondía a los estímulos. La pobrecita era rehén de un sueño cruel que la tenía atrapada entre la vida y la muerte. «Ella ya no capta nada de lo que ocurre a su alrededor», advirtieron los especialistas.

No faltaron personas bienintencionadas que me quisieron proteger y me recomendaron que no fuera a verla. Me advirtieron que Nelva estaba muy desmejorada y que quizás sería mejor quedarme con el recuerdo de sus días de gloria. Yo de todos modos quise ir a su encuentro. Le llevé perfume y crema de manos *Hinds*, su favorita.

Cuando entré al hospital, casi no la reconocí. Conectada a máquinas que monitoreaban sus funciones vitales estaba alguien que apenas se parecía a mi abuela. Sus manitos delicadas que toda la vida había presumido pintándose las uñas con esmalte rojo se encontraban ahora atadas a una tabla y maltratadas por la artritis. Su cabello coqueto, que siempre se había esmerado por mantener rubio y ondeado, era ahora color plata y estaba peinado lacio hacia atrás. Hasta su boquita había cambiado de forma ahora que ya no tenía sus dientes postizos puestos.

Me acerqué a su cama y me quedé mirándola. Estaba durmiendo plácidamente. Supe que ese momento a solas sería el último entre nosotras. Había llegado la despedida final.

La tomé del brazo suavemente y empecé a hablar en voz alta. Le dije que me sentía muy agradecida de haberla tenido como abuela, que la quería mucho y que me sentía muy afortunada de haberla conocido.

Hice una pausa para tragar saliva y no quebrar la voz. Quería ser cuidadosa para que ella sintiera solamente mi cariño y no mi angustia. Le conté que había sido muy feliz cada vez que estábamos juntas. La agradecí por cada bordado, cada receta, cada cumpleaños compartido.

Y mientras le hablaba, de repente la expresión de su rostro cambió. Sus parpados que estaban relajados se contrajeron y empezaron a pestañar. Y su boca que permanecía inmóvil comenzó a moverse de arriba hacia abajo sin parar, como intentando balbucear algo.

La intensidad de sus movimientos iba en directa proporción con la carga emocional de lo que yo le decía. Si le contaba que el día estaba soleado, su rostro se relajaba. Si me conmovía y le decía cuánto la quería su rostro se tensaba.

Supe que aun en su estado de inconsciencia mi abuela había recibido ese último mensaje de despedida.

Es posible que los médicos no estén de acuerdo conmigo, pero yo sé lo que viví ese día. Ella desde su estado de coma, y yo junto a su cama, habíamos logrado conectarnos de alguna manera.

Quizás la clave para entender lo inentendible sea justamente la frase que ella siempre me repetía:

Lo único importante es el amor.

CAPÍTULO 5

EL APRENDIZ:
PERFECCIONA TU SUEÑO

*Somos lo que hacemos día a día. De modo que
la excelencia no es un acto, sino un hábito.*

—ARISTÓTELES

#ElCírculoVirtuoso

«*Las Ideas*
NO TIENEN EDAD».

@GabyNatale

Tómale una foto y compártelo en las redes
sociales usando **#ElCírculoVirtuoso**

El aprendiz es el cuarto arquetipo de *El Círculo Virtuoso*. Te avisa que llegó el momento de volverte extraordinariamente bueno en lo que haces. Él te guiará en la sublime tarea de transformarte en tu propia obra maestra.

De su mano, lograrás pulir los talentos y aptitudes que necesitas para alcanzar tu sueño. A través de tu transformación personal, te convertirás simultáneamente en escultor y escultura.

Tu yo aprendiz te recuerda tus propias posibilidades ilimitadas: lo que hoy no es, mañana puede ser. Con su ayuda, tendrás la posibilidad de perfeccionar aquello que visualizaste con el soñador, planeaste con el arquitecto y comenzaste a llevar a la práctica con el hacedor.

A través de su ejemplo de sencillez, el aprendiz nos muestra que la excelencia no es una meta, sino una búsqueda constante: solo quien está dispuesto a ser un eterno aprendiz puede aspirar a convertirse algún día en maestro. Es por eso que los grandes genios e innovadores siempre han conservado su vocación de aprendices.

Aquel que se declara aprendiz abre la puerta del conocimiento al reconocer su ignorancia. Aquel que se declara erudito abre la puerta de la ignorancia al confiar ciegamente en su conocimiento.

Ser aprendiz no eleva ni degrada nuestra condición. Un aprendiz no es más que nadie y nadie es más que un aprendiz.

El aprendiz es novato, pero no sumiso. Callar y obedecer ciegamente no es parte de su naturaleza. Su grandeza está en tener la humildad de cuestionar constantemente su propio conocimiento para dar a luz a la versión mejorada de sí mismo y su obra.

Los aprendices más astutos son los que han dominado el arte de acoger y soltar conocimientos según haga falta en su evolución o proceso creativo. ¿Cómo podría haber fundado el cubismo Pablo

Picasso si antes no hubiera *abrazado* los principios clásicos de pintura y dibujo del realismo? ¿Cómo podría haber fundado el cubismo Pablo Picasso si antes no hubiera *soltado* los principios clásicos de pintura y dibujo del realismo?

Es en ese constante movimiento pendular entre el aprender y el desaprender que el aprendiz encuentra su propia voz.

Los buenos aprendices gestionan su propio aprendizaje. Saben que el camino a la sabiduría no siempre es lineal. Por eso, dan por descontado que habrá aciertos y errores. Sin embargo, están convencidos de que en cada marcha y contramarcha se encuentra el germen de su próxima lección a aprender. Recuerda que para avanzar en el camino al virtuosismo todo maestro debió primero abrazar su condición de aprendiz.

En este capítulo encontrarás

- La sección «Mentalidad fija vs. Mentalidad de crecimiento». ¿Crees que el talento puede ser cultivado o eres de los que están convencidos de que viene de la cuna? Piensa bien qué vas a responder, pues descubrirás que la respuesta a esta pregunta podría tener consecuencias trascendentales para tu desarrollo y éxito futuros.
- «La filosofía japonesa del *kaizen*». Descubre el poder revolucionario de los pequeños cambios constantes para mejorar tu vida.
- En «La palabra autorizada» conoceremos una historia que nos muestra cómo la humildad del aprendiz puede convertirse en la llave del éxito. En una entrevista exclusiva, el actor cubano William Levy comparte conmigo su historia de inmigración y el camino lleno de aprendizaje que lo llevó de la pobreza extrema en Cojimar hasta la pantalla grande de Hollywood.

- El segmento «En primera persona: Del depósito de alfombras a la alfombra roja (parte 1)», un relato en el cual compartiré contigo el accidentado comienzo de mi show de televisión *SuperLatina*. Verás por qué esta etapa se convirtió en una escuela acelerada del ingenio para esta aprendiz que hoy te escribe.

¿EL TALENTOSO NACE O SE HACE? MENTALIDAD FIJA VS. MENTALIDAD DE CRECIMIENTO

Desde el principio de los tiempos, filósofos y pensadores han debatido si las cualidades humanas que más admiramos —como la inteligencia o el carisma— son virtudes que vienen de nacimiento o si en cambio pueden ser cultivadas a través del aprendizaje.

¿Es posible desarrollar a puro esfuerzo aquellas capacidades que no vinieron de la cuna con nosotros?

Esa es justamente la pregunta que se hizo la psicóloga Carol S. Dweck en su libro *Mindset: La actitud del éxito*. En su aclamada obra, la psicóloga de la Universidad de Stanford distingue entre dos tipos de actitudes que afectan nuestras posibilidades de éxito futuro: la mentalidad fija y la mentalidad de crecimiento.

La mentalidad fija

La mentalidad fija se caracteriza por considerar que las cualidades personales son inamovibles. Aquellos que poseen este tipo de mentalidad están convencidos de que su caudal de inteligencia y talento viene preestablecido de nacimiento. Creen que en el reparto de virtudes y defectos lo que traen de la cuna es lo que los acompañará por el resto de sus vidas. Básicamente, o eres bueno o no lo eres. No hay más vueltas.

Los que poseen una mentalidad fija tienen una profunda necesidad de probarse a sí mismos una y otra vez que son capaces de hacer tal o cual cosa. Como están convencidos de que cada persona solo tiene «una cierta cantidad de talento» es fundamental para ellos establecer que pertenecen al selecto grupo de los que han venido al mundo con una generosa cantidad de dones.

Aquellos que adoptan una mentalidad fija se caracterizan por poner en juego su ego en cada desafío que les toca vivir. Y hay una razón poderosa por la cual lo hacen: si fallan quedará en evidencia que son impostores y no tenían la suficiente cantidad de talento para estar a la altura de las circunstancias. Es por eso que las personas con mentalidad fija se sienten vulnerables cuando las cosas no salen como planearon. Evitan por todos los medios las situaciones donde sientan que puedan tener el riesgo de cometer un error. Según su forma binaria de ver la realidad, un desacierto los desenmascara ante el mundo, exponiéndolos como «perdedores».

Identikit de los que viven con una mentalidad fija

- Evitan desafíos.
- Se dan por vencidos demasiado pronto.
- Piensan que el esfuerzo no vale de nada.
- Rechazan todas las críticas y las consideran inservibles.
- Se sienten amenazados por el triunfo de otros.

La mentalidad de crecimiento

En el polo opuesto de la mentalidad fija se encuentra la mentalidad de crecimiento. Los que adoptan una mentalidad de crecimiento están convencidos de que el talento y las habilidades pueden ser cultivados a través del esfuerzo. Sostienen que es imposible saber por anticipado el potencial de una persona. La única manera de descubrirlo a ciencia cierta es a través de años de aprendizaje, disciplina y superación personal.

Ellos tienen una visión dinámica del talento y la inteligencia: no lo ven como un todo o nada. Consideran que pueden ser buenos o no en función de una tarea específica y un momento dado. Para quienes adoptan una mentalidad de crecimiento fallar no es algo terrible. Es simplemente una parte necesaria del aprendizaje.

A diferencia de quienes poseen una mentalidad fija, para alguien con mentalidad de crecimiento ningún fracaso define por completo quienes son ni su capacidad. En definitiva, ellos siempre pueden mejorar. Saben que con tiempo y dedicación podrán cultivar las habilidades que necesitan y verán un progreso en su desempeño. «Hoy no me fue muy bien, pero si me esfuerzo, es posible que mañana me vaya mucho mejor» constituye una frase que sintetizaría muy bien su forma de ver la vida.

La característica que mejor define a aquellos que poseen una mentalidad de crecimiento son las ganas de extender sus propios límites. Son el tipo de personas que florecen frente a la adversidad. Las personas con mentalidad de crecimiento se convierten en aprendices constantes.

Identikit de los que viven con una mentalidad de crecimiento

- Disfrutan los desafíos.
- Perseveran cuando se encuentran con obstáculos.
- Consideran que el esfuerzo es requisito para alcanzar la excelencia.
- Aprenden de las críticas.
- Se inspiran con el triunfo de otras personas.

PROFECÍAS AUTOCUMPLIDAS

De acuerdo a Dweck, una de las cosas más sorprendentes es que estas mentalidades —tanto la fija como la de crecimiento— tienen premisas que pueden convertirse en profecías autocumplidas para quienes las adoptan. Como resultado de este proceso, tanto los partidarios de la mentalidad fija como los de la mentalidad de crecimiento terminan confirmando con sus conductas sus propias hipótesis.

Los que viven con una mentalidad fija son más propensos a abandonar un proyecto o tarea cuando llegan las primeras señales de dificultad. Como tienen miedo a fallar, preferirán no exponerse al fracaso y llegarán a la conclusión de que es mejor no seguir intentándolo. De esta manera, además, confirmarán lo que pensaban: las virtudes ya vienen marcadas desde la cuna y tratar de adquirir nuevas no tiene sentido.

Aquellos que adoptaron una mentalidad de crecimiento también confirman su propia convicción de que es posible desarrollar el talento y volverse extraordinariamente bueno en algo a través del esfuerzo. A medida que ven resultados, lo atribuyen a su dedicación y corroboran así su hipótesis de que el talento puede ser algo que se desarrolla con esfuerzo y disciplina.

En síntesis, frente a la adversidad:

- Los que tienen una mentalidad fija se dan por vencidos. Su fracaso es prueba de que en definitiva no tenían nada valioso que ofrecerle al mundo. *Como resultado, limitan su propio crecimiento y desarrollan una visión determinista del mundo.*
- Los que tienen una mentalidad de crecimiento se engrandecen. Se esfuerzan para mejorar todo lo que pueden. Si logran triunfar, se alegran. Si fracasa, lo toman como parte

del aprendizaje que los volverá aún mejores. *Como resultado, sienten que tienen mayor control sobre su destino. Se convierten en aprendices eternos y nunca dejan de crecer.*

La buena noticia es quienes tienen una *mentalidad fija* pueden trabajar conscientemente para desarrollar una *mentalidad de crecimiento.* De acuerdo con Dweck, las creencias que elijas sobre ti mismo van a afectar profundamente tu desempeño futuro y pueden ser determinantes a la hora de lograr alcanzar tus sueños.

JUEGO: Dime qué refrán usas... ¡y te diré qué tipo de mentalidad tienes!

El poder de las palabras es extremadamente poderoso. Cada día usamos frases populares y aforismos casi sin pensarlo. Crecimos con ellos y los tenemos incorporados. Salen de nuestra boca de manera casi automática. Sin embargo, muchos de ellos expresan diferentes tipos de mentalidad.

Aquí te dejo algunos ejemplos para que identifiques qué tipo de mentalidad está reflejada en cada uno:

- «Al que nace barrigón, es al ñudo que lo fajen» (mentalidad fija).
- «Aunque la mona se vista de seda, mona se queda» (mentalidad fija).
- «Al que madruga, Dios lo ayuda» (mentalidad de crecimiento... ¡con ayuda divina!).
- «No por mucho madrugar se amanece más temprano» (respuesta de la mentalidad fija al refrán anterior).
- «Recogerás tu siembra» (mentalidad de crecimiento).
- «El poeta nace, no se hace» (mentalidad fija).

ALGUNAS SUGERENCIAS PRÁCTICAS PARA DESARROLLAR UNA MENTALIDAD DE CRECIMIENTO

• *Aprende algo nuevo en un campo que no sepas si eres bueno*: Las personas con mentalidad fija tienen una fuerte preferencia por hacer solo aquellas cosas en las que ya saben que son buenos, ya que tienen un miedo constante a fallar.

  Sin embargo, ese miedo es una conducta que desarrollamos al crecer. Los niños no son así. Ellos aman aprender y disfrutan intentando cosas nuevas. Ningún niño que se haya metido en problemas dibujando las paredes de su casa lo hizo porque quería crear el mejor mural infantil del mundo. Solo estaba tan divertido coloreando que se le acabó la hoja y… ¡siguió pintando en la pared! Esa es la mentalidad que ahora de adultos debemos recuperar (claro que sin meternos en problemas con las paredes de la casa o cualquier otra cosa).

  Una manera de ejercitar la mentalidad de crecimiento es animándote a desarrollar alguna actividad nueva en la que no sepas de antemano qué tan bien te irá. La idea es disfrutar el aprendizaje, más allá del resultado. Y también entender que no hay razón para alarmarse si algo se vuelve especialmente trabajoso o no sale bien a la primera vez que lo intentas. Simplemente se trata de una parte del proceso de aprendizaje.

• *Declárate en rebeldía frente a los estereotipos*. El mundo está lleno de estereotipos o «cartelitos» que de manera más o menos consciente nos vamos colgando unos a otros del cuello.

  Si es estudioso, no puede ser bueno en los deportes.
  Si es rubia y atractiva, ¡claro que nunca será premio Nóbel de Astronomía!
  Si tiene más de cincuenta años, seguro que no entiende nada de computación y ni hablar de comenzar una relación con esa

persona, pues ya tuvo varias relaciones que fallaron. No es alguien a quien puedes tomar en serio para formar una familia.

A ti también seguramente te han colgado alguno de acuerdo al género o al grupo social del que provengas. De la misma manera, tú también le colgaste alguno a alguien más, quizás sin siquiera darte cuenta.

¿Cómo te llevas con esos cartelitos? ¿Qué tanto condicionan tu vida cada día? ¿Has dejado de hacer alguna cosa importante solo porque era una actividad que supuestamente no se correspondía con alguien que portara un cartelito como el tuyo?

Creerte lo que dicen esos cartelitos de ti es uno de los actos de autosabotaje más destructivos que puedes cometer. En primer lugar, porque lo que dice el cartel no es una visión que sea propia, sino que es creada por alguien más. En segundo lugar, porque los cartelitos describen a un mundo estático e inamovible (Si alguien es bueno en X, entonces no puede ser bueno en Y. Estos son ejemplos propios de una mentalidad fija). Y por último, porque esos carteles están construidos en base a opiniones, no a hechos.

En síntesis, cada cartel es una opinión estática de alguien más sobre ti o sobre gente como tú. ¿Por qué basar las expectativas que tenemos sobre nuestra propia capacidad en algo arbitrario y externo?

* *Reprograma tu manera de ver los fracasos y errores.* ¿Eres de los que piensan que lo único que vale es ganar? ¿Si tu equipo no obtiene el primer puesto y sale subcampeón reaccionas aun más desanimado que si hubiera quedado de último en la tabla? ¡Quizás sea hora de repensar la manera en que procesas los fallos y errores propios y ajenos!

La persona que piensa solo en términos de ganador y perdedor no tiene en cuenta una parte muy importante de la ecuación: el progreso logrado.

En un partido de fútbol, un gol que casi entra y erró porque una pelota pegó en el poste del arco puede ser interpretado de varias maneras. Para un entrenador con mentalidad fija que solo repare en el resultado final del encuentro, ese pase que pegó en el poste será exactamente igual en importancia que cualquier otro gol errado de lejos. En cambio, para un entrenador sagaz con mentalidad de crecimiento la jugada fallida que pegó en el poste puede ser la llave para pulir una estrategia superadora que —con suerte y trabajo— se traduzca en un golazo en el próximo partido.

De la misma manera, quizás estés muy cerca de anotar un gol en algo que te interese, pero todavía falte un tironcito más para llegar al objetivo. Es posible, por ejemplo, que todavía no hayas podido aprobar ese examen de ingreso o pasar esa audición tan difícil. Quizás tus calificaciones aún sean el equivalente a «una pelota que pegó en el poste del arco» y no hayas logrado aprobar. No obstante, si logras que con cada intento te vaya significativamente mejor que la última vez, tienes motivos para ser optimista. A veces estamos tan enfocados en la calificación final —o en la copa del campeonato en el caso de los deportes— que nos perdemos el tesoro escondido que se va desarrollando en nosotros mismos a medida que nos superarnos.

- *Usa los triunfos de los demás para inspirarte.* Si eres de los que creen que el triunfo de los otros empequeñece tus propios logros, ha llegado el momento de hacer un reajuste mental. Lo que hagan los demás, ya sea bueno o malo, no dice nada específico acerca de ti. Solo habla de ellos mismos.

Piensa en este ejemplo por un momento. Si tu vecino se lanza a correr la maratón de Nueva York y llega primero, ¿de qué manera su desempeño te hará a ti menos ágil de lo que eres ahora? Y si llega último de todos, ¿crees que eso te convertirá por arte de magia en un gran corredor? Solo tu propio esfuerzo y dedicación será el que determine tu agilidad, independientemente de cuántas maratones corra tu vecino.

Hay una manera mucho más productiva de pensar acerca de los triunfos ajenos: conviértelos en el testimonio irrefutable de que algo increíble puede ser alcanzado.

¿POR QUÉ CONVERTIRNOS EN APRENDICES ETERNOS?

Hay tres razones principales por las que creo que cultivar permanentemente la actitud de un aprendiz es una de las mejores cosas que podemos hacer por nosotros mismos.

Razón #1: Por tu vitalidad

Cada vez más gente vive más años de manera más plena. En los países industrializados, la expectativa de vida alcanza prácticamente los ochenta años. Gracias a los avances de la medicina, existe un porcentaje cada vez más grande de esas ocho décadas de vida que transcurre de manera plena, independiente y activa. Convertirnos en constantes aprendices implica de alguna manera repensar nuestro propio proceso de envejecimiento. ¿Cómo cambiaría nuestra vida si concibiéramos el paso de los años como una oportunidad de aprendizaje constante en lugar de anticiparnos a vivir resignadamente un camino en espiral descendente hacia la decrepitud? ¿Qué pasaría si en cambio el paso de los años fuera de la mano de un permanente desarrollo personal, social e intelectual?

Hoy en día, los adultos mayores pueden gozar de más años de movilidad, vida social, romántica... ¡y hasta sexual! Se trata de beneficios que en generaciones anteriores hubieran sido considerados de ciencia ficción. Si te pones a pensar, aquellos que tienen hoy entre sesenta y ochenta años se diferencian mucho de sus propios padres o abuelos a esa misma edad.

Ser aprendiz nos enseña una gran lección: el paso del tiempo es inevitable, pero el crecimiento es optativo. Gran parte de nuestra posibilidad de ser felices va a depender de que tomemos la decisión de trabajar activamente para construir nuestro bienestar. Tener una mentalidad de mejora constante y abrazar a nuestro aprendiz interior es clave para vivir lo más plenamente posible las décadas que nos queden por delante en este mundo.

Razón #2: Por tu carrera

El mundo laboral y sus demandas cambian cada vez más rápido. La era en la que un trabajador transitaba apaciblemente todos sus años productivos en una misma empresa y ascendía, promoción tras promoción, hasta retirarse en esa misma compañía es cosa del pasado.

Los cambios tecnológicos, las ventas de empresas y la exportación de mano de obra a países más competitivos, entre otros factores, hacen que las condiciones de trabajo sean más inestables que en generaciones anteriores. Reinventarnos profesionalmente no una, sino varias veces, pasará de ser la excepción a convertirse en la norma.

La próxima ola de cambios viene en camino. Aquel que se aferre a las fórmulas viejas y no tenga la flexibilidad de buscar el aprendizaje constante corre el riesgo de quedar rehén de habilidades que se volverán obsoletas.

Mientras lees estas líneas, ya está desarrollada la tecnología necesaria para que cualquier persona que vaya a un supermercado pueda comprar su mercadería sin asistencia humana. Muy pronto, toda la operación se podrá resolver sin siquiera hacer fila a través de una aplicación en el teléfono. *Amazon Go* fue la primera iniciativa de este tipo y tiene el potencial de transformar en piezas de museo a todos los empleos de cajero del planeta.

Y este no es el único ejemplo de nuevas tecnologías que pueden llevar a cabo trabajos que hoy son realizados por seres humanos.

En el área de la manufactura pesada, los robots están reemplazando gran cantidad de tareas que antes eran realizadas por trabajadores. En la industria del transporte, el desarrollo de autos y camiones que se conducen solos avanza. En el rubro de las comidas rápidas, hay cadenas de restaurantes que están poniendo a prueba quioscos inteligentes para que los compradores hagan su orden y la reciban sin necesidad de interacción humana. Incluso en las industrias asociadas con la creatividad, como el periodismo y la publicidad, se están ensayando versiones preliminares de programas que redactarán artículos o editarán vídeos de manera total o parcialmente automatizada.

Todos estos cambios afectarán de forma dramática la cantidad de empleos disponibles para los profesionales del siglo veintiuno. Un reporte conjunto de Citi y la Universidad de Oxford ha señalado recientemente que en los países industrializados el 57% de los trabajos estarán en riesgo de ser reemplazados total o parcialmente a través de la automatización.

Algunos especialistas creen que la inteligencia artificial y la automatización tendrán sobre los empleos de la clase media el mismo efecto devastador que tuvo la revolución industrial sobre la clase trabajadora. La diferencia, según afirman, es que mientras la revolución industrial tardó siglos en disminuir la cantidad de obreros necesarios en las líneas de ensamblaje, las transformaciones tecnológicas que se avecinan tienen la capacidad de ser introducidas a escala global en cuestión de décadas.

En los próximos años, convertirse en un aprendiz eterno será cada vez más una cuestión de supervivencia, no de preferencia. Es por eso que los que comiencen antes a adoptar esta mentalidad, tendrán más ventajas competitivas.

La buena noticia es que si desarrollas una actitud de aprendiz y te anticipas a estos cambios entrenando tu talento para lo que viene, estarás en una posición inmejorable para crear nuevas oportunidades de negocios y aprovechar el nuevo escenario laboral.

Razón #3: Por tu creatividad

Hay algo que un constante aprendiz tiene en claro: *las ideas no tienen edad.*

Nunca es demasiado temprano ni demasiado tarde para luchar por tus sueños: la historia del mundo está plagada de genialidades precoces y éxitos tardíos. Aquella persona que confíe en su capacidad y abrace el aprendizaje constante podrá crear para sí misma una narrativa que trascienda su edad cronológica.

Destierra de tu mente la idea de imponerte a ti mismo una «fecha de vencimiento» por haber cumplido muchos años. Es posible que a medida que pasan las décadas el rendimiento físico vaya enfrentando algunas limitaciones, pero para quien se mantiene curioso y activo, el rendimiento creativo puede ser ilimitado. *No hay absolutamente ninguna razón por la cual las ideas más jóvenes no puedan venir de quienes han pasado más tiempo en este planeta.*

Olvídate de si eres demasiado joven o demasiado viejo. Lo único importante es que aproveches tus días volviéndote una versión cada vez mejor de ti mismo.

En una época de mi vida era siempre la más jovencita en las reuniones de trabajo. A veces, al sentirme insegura, no me animaba a compartir en voz alta mis ideas... ¡solo para comprobar frustrada que alguien más veterano que yo recibía una felicitación al decir *exactamente* lo mismo que yo también tenía en mente y había callado! Me costó algún tiempo aprender que, aunque tuviera mucha menos experiencia que el resto del equipo, mi opinión también era valiosa. Si en lugar de enfocarme tanto en mi fecha de nacimiento hubiera centrado mi atención en mi capacidad creativa, me habría ahorrado unos cuantos ataques de furia contra mí misma.

Así que no te detengas. No desconfíes de tu propia grandeza. Tu creatividad no tiene edad.

El minuto antes del suicidio:
La historia de Harland

Harland tenía sesenta y cinco años, acababa de retirarse y estaba tan deprimido que solo pensar en el suicidio aliviaba su dolor. Sentía que después de toda una vida de trabajo no había logrado casi nada de lo que se había propuesto cuando era joven. Le daba vergüenza sentir que estaba llegando al último tramo de su vida y tenía tan poco que mostrarle al mundo y a sí mismo.

Repasó su vida y sintió que estaba marcada por el fracaso. A los cinco años se había quedado huérfano de padre. A los dieciséis había tenido que abandonar sus estudios. A los dieciocho se había casado y había tenido una hija, solo para divorciarse dos años más tarde y perder la custodia de su pequeña.

Durante la mayor parte de su vida, saltó de trabajo en trabajo sin mayor éxito. Había probado suerte como vendedor de seguros, comerciante de lámparas y distribuidor de llantas. En cada intento de progresar había fracasado. No faltaron los momentos de desesperación en los que el juego se convirtió en su mejor amigo y peor consejero.

¿Para qué seguir viviendo cuando se había fallado tantas veces?

En medio de la oscuridad, Harland tuvo un momento de lucidez que le hizo repensar su decisión de quitarse la vida. Se dio cuenta de que a pesar del desánimo todavía tenía ganas de hacer cosas. Y había algo en lo que era extremadamente bueno: sabía cocinar mejor que nadie más.

La cocina siempre había sido un oasis en medio de tanto dolor. Era algo que disfrutaba tremendamente y que había tenido que aprender desde niño para ayudar a su madre después de que ella enviudara. Quizás valiera la pena seguir vivo para cocinar.

Así que pidió prestados ochenta y siete dólares y compró una freidora. Desarrolló una receta única para cocinar pollo y comenzó a venderlo puerta a puerta en un pueblo de Kentucky.

El resto es historia. Ese hombre de sesenta y cinco años que había querido suicidarse es el fundador de Kentucky Fried Chicken, una de las cadenas de comidas rápidas más famosas del planeta con presencia en más de cien países.

Harland se hizo mundialmente conocido como el «Coronel Sanders» y su imagen es hasta el día de hoy parte del logo de la empresa. Antes de morir, el «Coronel Sanders» reveló cual fue según su opinión el secreto de su éxito.

«Solo he tenido dos reglas: Haz todo lo que puedas y hazlo lo mejor que puedas. Es la única manera en la que lograrás grandes cosas en la vida».

La palabra autorizada

El aprendiz como la clave del éxito
— William Levy

Posando tras la entrevista con el chulísimo
—y cansadísimo— William Levy en Miami.

Pocas cosas nos colocan en el rol de un aprendiz de manera tan dramática como la inmigración. Para abrirse paso en tierras nuevas y desconocidas, hace falta volver a aprender muchas de las cosas que, al menos hasta el momento de emigrar, nos parecían obvias: el idioma que usamos para comunicarnos, las costumbres de quienes nos rodean, y a veces hasta nuestra propia profesión. Transitar la experiencia de ser inmigrante es por definición un baño de humildad.

William Levy, el niño mimado de las novelas, vivió en carne propia este proceso. Y decidió usarlo para mejorarse a sí mismo con cada desafío y convertir a la mentalidad de aprendiz en la clave de su éxito.

Su historia de vida bien podría ser material de un melodrama: creció en la pobreza, fue abandonado por su padre, soñó con una vida de fama y fortuna, dejó todo por ir detrás de un sueño y, al igual que las heroínas de buen corazón en las novelas de la tarde, se redimió, dejó atrás a los villanos que no creían en su talento, y alcanzó la gloria triunfando en grande.

No obstante, a diferencia de lo que ocurre en los finales felices de novela, donde la victoria viene de la mano de alguna herencia o un golpe de suerte, los laureles que este galán supo cosechar en la vida real fueron a puro esfuerzo y corazón.

Para William, la historia comienza a escribirse en 1980. El futuro galán nace en Cojimar, Cuba, sumido en la pobreza. Al poco tiempo recibe el primer golpe duro de la vida: es abandonado por su padre y pasarán décadas hasta que ese vínculo vuelva a reconstruirse. Él crece con su madre y su abuela, que lo rodean de amor y sueños. Tienen los bolsillos vacíos, pero son millonarios en ilusiones.

Durante su niñez en Cuba pasa hambre. Se acostumbra a vivir comiendo un panecillo por día, a veces dos. Hasta que descubre la verdad: nunca hubo días en los que hubiera doble ración de panecillos. Cuando se daba el gusto de comer dos panecillos en un mismo día era porque su abuela se había sacrificado cediéndole su propia ración.

Con el corazón roto, William se jura a sí mismo dejar atrás la pobreza, salir de la isla y triunfar en el exterior para que su familia nunca más deba pasar necesidades. Así es que a los catorce años se despide de su madre y abuela sin saber cuándo las volverá a ver y se marcha a los Estados Unidos.

El William que me recibe para nuestra entrevista en el hotel Mandarin Oriental de Miami es muy diferente a ese jovencito de catorce años que se fue de Cuba con lo puesto. Hoy es un actor cotizado que recibe ofertas tanto de Hollywood como de los canales más importantes de la televisión latina.

Para ser sincera, desde que anuncié que lo iba a entrevistar tuve más personas que nunca en mi vida pidiéndome venir a la grabación como asistentes «extraoficiales» con tal de verlo de cerca. Y es que este cubano tiene un magnetismo que es imposible de explicar solo por su apariencia.

En cuanto comenzamos a recorrer su historia de inmigrante, me confesó que la abundancia del norte fue lo primero que lo tomó por sorpresa. En esos primeros días en Estados Unidos, una simple visita al supermercado junto a su tío le enseñó que Miami, a pesar de estar a solo noventa millas de distancia de Cuba, se encontraba en una galaxia diferente a todo lo que había conocido hasta ese momento.

«Mi tío me llevó al supermercado y me dijo que escogiera lo que quisiera. Y yo, que nunca había ido a hacer compras fuera de Cuba, iba con un carrito y tomaba *una* manzana, *una* pera, *un* pan, *uno* de esto y *uno* de lo otro. Hasta que llegué a la caja registradora con uno de cada cosa y vi que a mi tío le daba un ataque de risa. ¡Tuvo que explicarme que aquí en Miami sí se podía tomar en el supermercado más de un producto por persona en el carrito!», me comenta alegre.

En persona, William es igual de simpático y bonachón que en la tele. Cuando te pones a hablar con él y conoces su historia, enseguida se nota que es mucho más que una cara bonita. Es uno de esos galanes que hacen derretir a las chicas, pero que también les caen bien a los hombres.

Desde su llegada a Estados Unidos, Levy estaba decidido a triunfar como actor y modelo. No obstante, sus primeros pasos laborales no fueron sobre las pasarelas de Milán o Paris, sino sobre vigas de construcción mientras trabajaba como albañil reparando aires acondicionados para ganarse la vida.

En lugar de desanimarse por el desvío profesional, William veía un mundo de posibilidades. Estaba convencido de que cuando eres nuevo en un país tienes que aprovechar cada oportunidad que se te presente.

Poco a poco, los trabajos como actor comenzaron a llegar. Mientras vivía sus primeras experiencias en el teatro, recibió una noticia inesperada. Su pareja, Elizabeth, estaba embarazada. La noticia los llenó de felicidad, pero el momento no podía ser más inoportuno. No tenían casa ni carro, y el salario de William como actor en una obra de Puerto Rico era de solo 140 dólares por semana.

«Nunca pensé en un aborto. Sabía que si tenía que trabajar en quince trabajos para darle de comer a mi hijo lo iba a hacer. Yo crecí sin padre y la vida me estaba regalando la posibilidad de conocer a alguien que me iba a decir papá», me cuenta emocionado.

La paternidad no hizo más que alimentar la urgencia de William por triunfar como artista. El próximo desafío que debió enfrentar tuvo que ver con su acento. A pesar de tener simpatía y el estilo buscado en los galanes, más de una vez le advirtieron que no llegaría a nada. De acuerdo a algunos productores, su marcado acento cubano era un equivalente a una sentencia de muerte en un mercado tan dominado por el talento mexicano en las telenovelas.

«Tienes una papa en la boca y nunca vas a llegar a nada en la televisión», le vaticinaban una y otra vez mientras daba sus primeros pasos frente a las cámaras. Sin embargo, William no desistió y aprendió una de las lecciones más valiosas de su carrera: la clave para triunfar era trabajar duro y confiar en sí mismo, aun cuando los demás no vieran su potencial.

Hoy, al verlo en Tokio para el estreno mundial de una película de acción, o en México promocionando alguna de las novelas en las que es el protagonista, son pocos los que se imaginarían que este galán se ganó sus roles protagónicos teniendo que defender hasta su forma de hablar. Con todo, William dice que no cambiaría nada de su camino al éxito. Está convencido de que lo que cuesta lograr se disfruta el doble una vez alcanzado.

«La verdad es que yo le agradezco a Dios haber crecido en Cuba y haber pasado todo lo que pasé, porque eso a mí me ha hecho valorar la vida de una forma muy especial», nos cuenta este «aprendiz» que lección tras lección se va devorando el mundo.

En profundidad

Mira la entrevista completa con William Levy en www.elcirculovirtuoso.com donde nos cuenta:

- ¿Cómo cambió su vida a partir de convertirse en padre?
- ¿Cuáles han sido las lecciones más importantes que aprendió como inmigrante?

> • ¿Cuáles fueron los momentos más difíciles a la hora de luchar por su sueño?

«KAIZEN-IZANDO» NUESTRA VIDA: «HOY MEJOR QUE AYER, MAÑANA MEJOR QUE HOY»

El otro día me tocó escuchar en una cafetería una charla entrañable entre tres amigas del alma. Una de las amigas confesaba que había conocido a un nuevo galán, sentía que estaba viviendo el romance más pleno de su vida, y ya planeaba un viajecito romántico de fin de semana. Otra, orgullosa, contaba que se había anotado en la universidad para estudiar italiano. Amaba la ópera y quería poder cantar sus canciones favoritas... ¡aunque no fuera más que en la regadera! La tercera, entre chistes, fue la encargada de recordarles a las demás que antes de despedirse debían tomarse «la selfie» para inmortalizar el momento y subir la imagen del encuentro a las redes sociales.

«¡Sonrían que estamos cada vez mejor! ¡Ni falta nos hacen los filtros!», exclamó con picardía una de las tres.

Mientras las veía marcharse del café, me quedé encantada con el espíritu vibrante de este grupo de amigas. Y lo que más me fascinó fue que estas juveniles «muchachitas» que tanto me habían entretenido... ¡tenían más de setenta años de edad!

Aun sin proponérselo, ellas eran ejemplos perfectos del *kaizen* 改善, la filosofía japonesa que propone la mejora constante como modo de vida.

La palabra *kaizen* 改善, está compuesta por los vocablos *kai* (cambio) y *zen* (bueno). Aquellos que siguen el *kaizen* como doctrina espiritual están convencidos de que nuestra vida —laboral, social o familiar— merece ser perfeccionada de manera constante. *Si vine a este mundo y estoy vivo, es para estar cada vez mejor*, podría perfectamente ser la frase de cabecera de sus adeptos.

Los orígenes del *kaizen* se remontan al Japón de mediados de siglo veinte. Tras resultar derrotado en la Segunda Guerra Mundial, Japón enfrentaba un panorama desolador: su economía estaba en crisis, dos de sus ciudades —Hiroshima y Nagasaki— habían sido arrasadas por bombas atómicas, la moral de la población había quedado por los suelos y contaban con limitados recursos naturales.

En medio de una situación tan lastimosa, ¿cómo podría esta pequeña isla revertir su suerte? El *kaizen* surge como un intento por parte de las empresas niponas de dar respuesta a esa pregunta.

En lugar de lamentarse por su mala fortuna, los líderes empresariales japoneses decidieron enfocar sus energías en crear procesos productivos que impulsaran el mejoramiento constante, gradual y ordenado de sus plantas de producción industrial. La idea era aprovechar al máximo los pocos recursos que tenían.

Afilaron el ingenio para crear mecanismos de perfeccionamiento que eliminaran el desperdicio, capacitaran al personal y optimizaran el uso del tiempo. ¿El objetivo final? Crear cambios constantes para volverse mejores cada día.

Los resultados de la implementación del *kaizen* fueron sorprendentes. En un par de décadas, Japón pasó de penar miserias a convertirse en una de las potencias más importantes del planeta. Entre 1960 y 1980, el crecimiento económico del país fue tan extraordinario, que los historiadores bautizaron a este período como «el milagro japonés».

A partir de entonces, el *kaizen* se popularizó y comenzó a ser practicado también fuera del ámbito de los negocios. Sus principios de mejora constante fueron adoptados como filosofía de vida y llevaron a sus seguidores a plantearse una pregunta trascendental: *¿Por qué no amarnos a nosotros mismos lo suficiente como para trabajar en edificar día a día nuestro bienestar y superación?*

Es posible que esta sea una de las preguntas más trascendentales y transformadoras que nos podamos hacer en nuestras vidas.

El ciclo de Deming

Una de las herramientas más utilizadas en el *kaizen* se llama «El ciclo de Deming», que propone una estrategia de mejora continua de la calidad a través de la aplicación de cuatro pasos: planificar, hacer, verificar y actuar.

El uso del ciclo es muy simple. El primer paso consiste en identificar qué queremos lograr y establecer un plan para conseguirlo. El segundo paso se basa en ejecutar las acciones que planeamos. El tercero será verificar si los efectos del plan son correctos o hace falta hacer ajustes. El cuarto paso consiste en recopilar lo aprendido en el paso anterior y poner las mejoras en marcha.

Al final del ciclo, el proceso vuelve a comenzar, pero introduciendo los avances desarrollados en el ciclo anterior.

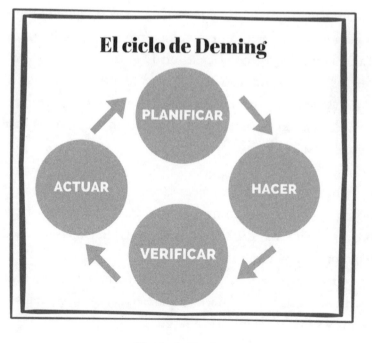

El ciclo de Deming.

EL *KAIZEN* EN ACCIÓN: ALIMENTANDO
A LOS NECESITADOS DE HARLEM

Hace poco encontré en el *New York Times* un artículo que detallaba la implementación del *kaizen* en un espacio inusual, el *Food Bank*, la organización caritativa más importante en la lucha contra el hambre en los Estados Unidos. Se estima que el *Food Bank* alimenta a un millón y medio de necesitados por año.

En 2013, el *Food Bank* recibió una propuesta muy especial. En lugar de un gran cheque, Toyota decidió donarles el asesoramiento de sus mejores especialistas en *kaizen*. ¿El objetivo? Ayudarlos a identificar áreas en las que podían mejorar para volverse más eficientes.

Los directivos del *Food Bank* se mostraron escépticos. ¿Qué tanto podría saber un grupo de ingenieros corporativos de Toyota acerca de cómo servirle comida a los desamparados de Nueva York? Lo que los ejecutivos del *Food Bank* no sabían era que los ingenieros de Toyota estaban a punto de revolucionar sus comedores.

Tal y como establece el ciclo de Deming, el primer paso que dieron los especialistas de Toyota fue identificar ineficiencias y PLANEAR procesos para que el *Food Bank* pudiera mejorar su servicio. Encontraron dos áreas clave que debían mejorar para volverse más eficientes:

- Las líneas que hacían los necesitados mientras esperaban su turno en el comedor eran muy largas. Resultaba necesario que el proceso fuera más dinámico para que las personas que necesitaban comer esperaran menos tiempo.
- El proceso para armar las cajas de alimentos no estaba debidamente organizado: requería la participación de muchos voluntarios y se volvía demasiado largo.

Ahora que sabían cuál era el problema, los ingenieros podían pasar al segundo paso del ciclo de Deming, HACER. Ellos utilizaron la filosofía *kaizen* para introducir pequeños cambios que mejorarían el funcionamiento de los comedores:

- Aumentaron el tamaño de las cajas donde colocaban la comida para ser transportada. Las cajas más grandes redujeron la cantidad de viajes necesarios para trasladar la comida.
- Introdujeron la opción de «bolsas para llevar», de modo que los necesitados pudieran recoger el alimento y comerlo fuera del *Food Bank* si así lo preferían. De esta manera minimizaron el espacio utilizado en el comedor y acortaron las filas de espera.
- Crearon estanterías señalizadas con colores diferentes según el tipo de comida que se fuera a almacenar o servir para agilizar el llenado de las bolsas y el empaquetado de las cajas de alimentos.

Durante el tercer paso (VERIFICAR), revisaron los cambios introducidos y chequearon cuáles funcionaban mejor. En la última fase (HACER) mejoraron los procesos nuevos incorporando toda la información que habían recopilado en el paso anterior.

Cuando midieron los resultados, los cambios habían sido extraordinarios:

- En un comedor de Harlem, el tiempo de espera para recibir un plato de comida había bajado de noventa a dieciocho minutos.
- En las alacenas de la organización en Staten Island, el tiempo necesario para llenar de alimentos las bolsas disminuyó de once a cinco minutos.
- El tiempo de empaquetado de las cajas de alimentos se redujo de tres minutos a once segundos.

Al final del experimento, los directivos del *Food Bank* tiraron la desconfianza por la ventana. Gracias a la ayuda de los ingenieros de Toyota, ellos hoy también engrosan las filas de los seguidores del *kaizen*.

Ideas prácticas para «kaizen-izar» tu vida

- El primer paso es determinar el problema y fijar un objetivo. ¿Qué aspecto o aspectos de tu vida te gustaría hacer más eficientes? Luego, hay que documentar en qué punto te encuentras y dónde te gustaría estar en esa área. De acuerdo con la filosofía *kaisen* «lo que se mide, se mejora».

- Los japoneses le llaman «muda de espera» al tiempo perdido o desperdiciado. Una de las «mudas de espera» más comunes es el tiempo empleado para ir y volver del trabajo. De acuerdo al Censo de los Estados Unidos, un trabajador promedio usa 50 minutos de su día para ir de su casa al trabajo (25 minutos de ida y 25 de regreso). ¿Qué pasaría si pudiéramos convertir ese tiempo muerto en minutos aprovechados? Esos 50 minutos pueden ser el momento de organizar tu lista de tareas del día, adelantar llamadas por hacer, o incluso transformarse en un aula virtual con la ayuda de *podcasts* o audiolibros. Si tienes en cuenta que una novela de 100.000 palabras dura aproximadamente unos 368 minutos en formato de audio y 4 horas en promedio si es leyéndolo, un cálculo conservador nos daría que, usando tu tiempo de viaje como aula, podrías terminar con un libro cada 8 días laborables. En el curso de un año serían al menos 30 libros adicionales leídos solo por cambiar la forma en que usas tu tiempo camino al trabajo.

- Si lo que buscas es mejorar tu salud, puedes aplicar el *kaizen* a tu vida creando un calendario con pasos pequeños, pero constantes, que realizar. Puedes elaborar un plan donde la primera semana, por ejemplo, comiences a llevarte un almuerzo saludable empaquetado de casa a la oficina. Si además le agregas el pequeño cambio de comenzar a caminar 10 minutos por día y vas gradualmente sumándole 5 o 10 minutos a tu rutina, para fin de año es muy posible que veas cómo bajan los números en la balanza a la vez que tienes algunos dólares extras en el banco por haber evitado almorzar fuera de la oficina. Un cálculo conservador de haber hecho estos cambios sería que estarás ahorrando 7 dólares y reduciendo unas 200 calorías por día. A la semana, tendrás 35 dólares adicionales y 1.000 calorías menos en tu dieta. En el curso de un año serán 1.820 dólares más en tu cuenta y 52.000 calorías menos ingeridas.

- Eliminar despilfarros y excesos es otra manera de avanzar para el *kaizen*. Por eso resulta fundamental rastrear exactamente en qué se va tu dinero. Discrimina entre gastos necesarios y optativos. Mira la lista objetivamente y pregúntate si hay formas de administrar ese dinero de un modo más eficiente. ¿Hay maneras de lograr los mismos o mejores resultados usando menos recursos? ¿Cuáles son las áreas de despilfarro? ¿Cómo podrían ser reutilizados esos recursos de una forma más positiva? Recuerda que pequeños cambios constantes a largo plazo dan grandes resultados también en las finanzas.

- El *kaizen* busca el avance constante, no la perfección. Mejorado y terminado es preferible a perfecto. Si las cosas van avanzando, vas por buen camino. En un tiempo, vuelve a revisar, corrige el curso si hay problema, ejecuta las soluciones necesarias y vuelve a empezar el ciclo de nuevo.

En primera persona

Del depósito de alfombras a la alfombra roja (Parte 1)

Para la mayoría de los presentadores de televisión, la preparación previa al estreno de un programa propio involucra giras promocionales, glamorosas sesiones de fotos y largas pruebas de vestuario.

Antes y después. En la foto de la izquierda aparece su segura servidora pintando el primer estudio de SuperLatina dentro de un depósito de alfombras en un centro comercial de Odessa, Texas. A la derecha, muchos años después, posando en la alfombra roja de los *Latin Billboard Awards*.

En mi caso, el plan fue bastante diferente: incluyó tablones de madera, un juego de rodillos y latas de pintura rosa.

Como se observa en la foto, tuve que literalmente poner manos a la obra a fin de que esa primera escenografía de mi show se convirtiera en realidad. No tenía idea de que —de la mano de ese humilde rodillo con pintura rosa— se abriría un nuevo capítulo que cambiaría mi vida para siempre y le regalaría a esta aprendiz muchas lecciones y experiencias.

Pero antes de seguir avanzando con la historia, déjame contarte cómo fue que llegué a obtener esta oportunidad.

En ese entonces, vivía en una pequeña ciudad tejana llamada Midland-Odessa. Después de haber vivido en Washington DC y en México, me había mudado al oeste de Texas. Llevaba varios años trabajando como presentadora en uno de los noticieros de la ciudad. Me encantaba mi trabajo y la gente del lugar era maravillosa, pero yo ya estaba en ese punto donde uno se da cuenta de que ha cumplido un ciclo y necesita buscar nuevas oportunidades.

Cuando conduces frente a cámara en un mercado pequeño experimentas una situación única: tu trabajo tiene altísima exposición pública, pero bajísima retribución monetaria. El resultado es un combo explosivo: tu ego se expande mientras tu bolsillo se achica. Te la pasas firmando autógrafos y tomándote fotos con tus admiradores, pero no tienes ni idea de dónde va a salir el dinero del pago inicial para algún día tener casa propia.

Esta singular mezcla te garantiza recibir lo peor de dos mundos: enfrentas los problemas de la falta de privacidad que sufren las celebridades, pero no eres más que un pobre paria que no tiene ni la fortuna ni los recursos de las verdaderas estrellas para solucionarlos. En pocas palabras, *estás jodido*.

Como tu rostro sale en publicidades televisivas, anuncios en el diario, carteles en autopistas, materiales promocionales y hasta impreso en los vehículos de la estación, todo el mundo asume erróneamente que llevas una vida de opulencia, pero la realidad no tiene nada que ver con tal fantasía.

Por eso, en los mercados pequeños, cada encuentro entre los presentadores y la audiencia es una desilusión en potencia: nunca terminas de ser aquello que ellos imaginan. Se sienten desengañados al darse cuenta de que «la famosa de la tele» es su vecina en un complejo de apartamentos sin mayores lujos, se decepcionan al encontrarte a su lado revolviendo entre las ofertas del centro comercial, o se sorprenden cuando les pides ayuda en un estacionamiento porque tu carro viejo decidió una vez más que no va a arrancar. Y es que los 27.000 dólares anuales que cobraba como «presentadora estrella» de las noticias apenas me alcanzaban para vivir. En Estados Unidos, ese sueldo es típico de una camarera.

Hay presentadores que no pueden tolerar esa discrepancia entre las expectativas de la audiencia y la realidad. Así que comienzan a enterrarse en deudas para fingir un estatus social que no tienen. Otros simplemente se cambian de trabajo o mercado a fin de poder progresar. He tenido compañeros en mercados pequeños que dejaron un empleo en televisión para ir a trabajar como obreros en los campos de petróleo o en la cocina de un restaurante, ya que les pagaban mejor que en el canal.

Como resultado de este insólito cruce entre alto perfil y baja paga, se producen situaciones verdaderamente tragicómicas. Me ha tocado ser la gran anfitriona de honor en eventos de caridad para ayudar a gente necesitada, solo para comprobar que el «beneficiado» del sorteo... ¡conducía un carro mucho mejor que el mío!

También me ha ocurrido que un loquito de la audiencia se obsesione conmigo y comience a enviarme mensajes de enamorado de esos que dan miedo. Se trata del mismo tipo de problemas que enfrentan las grandes celebridades, pero a diferencia de ellos tú no tienes el presupuesto para contratar guardaespaldas o chofer... ¡así que más te vale que te encomiendes a la virgencita con todas tus fuerzas!

En mi caso, el problema no era solo que el salario en el noticiero fuera extremadamente bajo. Lo que empeoraba las cosas era que mi marido y yo estábamos pagando sumas exorbitantes en trámites y abogados para obtener nuestra residencia permanente en los Estados Unidos.

Nuestros trámites a fin de obtener la tarjeta de residencia debieron iniciarse no una ni dos... ¡sino tres veces! Es por eso que después de cuatro largos años de papeleo, cuando se aprobó nuestra residencia permanente en los Estados Unidos, decidimos que había llegado la hora de comenzar con nuestro propio negocio. ¡Lanzaríamos nuestro programa de televisión!

Sin embargo, ¿cómo comenzar? Mirando en retrospectiva, el hecho de que no tuviéramos ni la más mínima idea de cómo era el proceso correcto para proponer un nuevo show de televisión fue una verdadera bendición. Si hubiéramos sabido que usualmente se graba un episodio piloto, se establecen presupuestos y tantas cosas más, habríamos pensado que lanzar un programa de televisión estaba fuera de nuestro alcance. En este caso, la ignorancia jugó a nuestro favor.

Lo primero que hicimos fue crear una presentación en PowerPoint y luego le mostramos la idea entusiasmados a la estación que me empleaba en ese momento. La respuesta no se hizo esperar. Fue un rotundo e instantáneo «¡No!».

En lugar de desanimarnos, esa primera negativa nos alentó aún más. Si ellos no le veían valor al proyecto, iríamos a hablar con los competidores. No obstante, ¿cómo hacerlo sin meternos en problemas? Decidimos que la solución era simple: yo tenía que buscarme otro trabajo y renunciar al noticiero lo antes posible. Cuatro meses más tarde, comenzaba a dar clases como profesora universitaria.

Mientras tanto, mi marido y yo seguíamos adelante con el plan, enviado correos y golpeando puertas continuamente. Y el día menos pensado, recibimos un correo electrónico que nos pondría más cerca de nuestro sueño.

El señor Barry, uno de los gerentes de televisión más conocidos de la ciudad, estaba interesado en reunirse con nosotros. Él coordinaba la programación de varios canales para el mercado general y le daba curiosidad saber un poco más sobre este proyecto para poner al aire un show independiente dedicado al público latino.

Recuerdo muy bien el despacho del señor Barry, porque esa fue la primera vez que vi algo que se encuentra presente en todas las oficinas de los directores de programación del mundo: una pared con docenas de monitores destinada a supervisar la señal de las estaciones de televisión propias y las de la competencia.

En cuanto comenzamos la presentación, noté que el señor Barry nos ponía mucha atención. Le explicamos que *SuperLatina* sería un show que mezclaría entretenimiento con historias de inspiración, que nosotros nos encargaríamos de los contenidos y la edición, y que necesitábamos que él lo pusiera al aire en alguno de sus canales.

Hasta el día de hoy, no sé muy bien qué fue lo que el señor Barry vio en nosotros para darnos esa primera oportunidad. Lo único que sé es que ahí mismo, sin ver siquiera un episodio piloto del show, nos dijo que sí.

—Voy a asignarles a un camarógrafo y un director durante un par de horas cada semana para que los ayuden en las grabaciones —nos dijo el señor Barry.

—Perfecto. ¿Cuándo podemos venir a los estudios del canal para comenzar a grabar? —le pregunté entusiasmada.

—De eso quería hablarles —nos dijo con cara seria—. Los estudios del canal están a plena capacidad. No pueden grabar el show desde aquí. Sin embargo, hay otra opción que me gustaría que consideren... —explicó misterioso el señor Barry.

Por su tono de voz supe enseguida que la segunda opción no iba a ser nada atractiva.

—El dueño de este canal es también dueño de un centro comercial. Él está convencido de que grabar *SuperLatina* desde allí con una audiencia en vivo podría ser una excelente idea para aumentar la cantidad de compradores que visitan el lugar —siguió explicando el señor Barry.

¿Sin estudio y desde un centro comercial? No sabía de nadie que hubiera hecho un programa de televisión en esas condiciones. La cosa comenzaba a ponerse rara, y eso que todavía me faltaba escuchar la última parte.

—Hay algo más que debo decirles. En el edificio ya no quedan espacios comerciales disponibles, así que la única alternativa que tengo para ofrecerles es que graben su show desde el depósito de alfombras del centro comercial. ¿Estarían dispuestos a aceptar esa posibilidad? —nos preguntó.

Depósito. De. Alfombras.

Rebobiné mentalmente la conversación con la esperanza de haber entendido mal, pero no. El señor Barry realmente había dicho que nuestro «estudio de televisión» sería el depósito de alfombras en un centro comercial.

—¡Claro que sí! De una manera u otra lo podemos hacer funcionar. No hay problema —me apresuré a decir sin pensarlo mucho mientras estrechaba la mano del señor Barry para sellar el trato.

A pesar de lo inusual del arreglo, salimos de la reunión triunfantes, pues sabíamos bien que tener un show de televisión —incluso uno que se iba a hacer desde un depósito de alfombras— era infinitamente mejor a no tener ninguno. Ya tendríamos tiempo de ver cómo lidiábamos con esta situación no convencional.

Es posible que la oportunidad de hacer nuestro propio show no viniera «empaquetada» de manera tradicional... ¡pero nada de nuestra inmigración a los Estados Unidos había transcurrido por los carriles de lo predecible! Quizás todas estas circunstancias locas fueran presagio de algo bueno.

Andy y yo nos despedimos del señor Barry con total seriedad y profesionalismo, pero la adrenalina corría a toda velocidad por nuestras venas. Ni bien llegamos a la vuelta del canal y nos aseguramos de que nadie nos estuviera mirando, tiramos el «factor cool» por la ventana y comenzamos a saltar de la alegría como si fuéramos niños. ¡Finalmente nuestro show saldría al aire!

Ahora que habíamos conseguido lo más difícil de obtener —el visto bueno de una estación de televisión— lo único que restaba era comprar todos los equipos necesarios para grabar y editar el show. Nos harían falta micrófonos, cámaras, luces, programas de edición, y también los materiales de construcción para crear la escenografía.

Lo bueno era que se trataba del tipo de problemas que se arreglan con dinero. Lo malo era que no teníamos el dinero necesario para arreglar el problema. Es que nuestros ahorros no resultaban suficientes para cubrir ni siquiera la mitad de las cosas que necesitábamos comprar a fin de llevar a cabo el lanzamiento del show. Urgía conseguir un crédito bancario.

Usualmente, los créditos menores a 20.000 dólares son relativamente fáciles de conseguir en Estados Unidos. Sin embargo, nuestro caso era diferente: éramos inmigrantes y no teníamos suficiente historia crediticia en el país como para que nos aprobaran con facilidad la petición.

El resultado fue que comenzamos a ser rechazados en todos los bancos donde pedíamos créditos. Para ser sinceros, creo que pecamos de inocentes al pensar que conseguir el dinero iba a ser la parte más fácil de la ecuación. Y lo peor de todo era que la fecha de estreno de *SuperLatina* se acercaba y seguíamos sin conseguir el dinero.

El canal no estaba al tanto de ninguna de estas dificultades y seguía adelante con los planes del gran lanzamiento del show como si nada. Mientras tanto, Andy y yo comenzábamos a desesperarnos: ya eran cuatro los bancos que habían negado nuestra aplicación para obtener el crédito. Si no lográbamos resolver la situación de alguna manera, nos quedaríamos sin show.

Siempre he estado convencida de que «Dios aprieta, pero no ahorca». Y lo compruebo cada vez que siento que todo está por derribarse, ya que sin excepción aparecen ángeles en mi camino.

El primer ángel fue un consejero de la Administración para Negocios Pequeños que nos dio una indicación fundamental: sugirió que no perdiéramos más el tiempo con los bancos y fuéramos directamente a pedirle el dinero a las cooperativas locales. El otro ángel fue el empleado de la cooperativa, que sin saber nada de nosotros, confió en el proyecto y nos aprobó ese primer crédito salvador (¡Andy Espinoza de ASB en Midland, si algún día lees esto, sabrás que nunca te voy a olvidar!).

Ahora que el crédito había sido aprobado, comenzamos a prepararnos para el estreno. El próximo desafío fue crear la escenografía, que era lo que más semanas iba a tardar en quedar lista. Compramos tablones de madera y comenzamos a averiguar quién nos podía ayudar con el trabajo. Para nuestro asombro, un meteorólogo que trabajaba con Andy era carpintero en su tiempo libre para ganar un dinero extra (sí, leíste bien... era meteorólogo de la televisión y carpintero. ¡Esos son los casos donde la realidad a veces supera a la ficción!).

Así que le dimos el trabajo de construcción al carpintero-meteorólogo. Cada día, después de dar las noticias del tiempo, iba rumbo al depósito de alfombras con sus herramientas a construir nuestro escenario. Mientras tanto, comenzamos a avanzar definiendo los contenidos de los primeros programas.

Resultaba muy refrescante gozar del privilegio de crear ideas y poderlas llevar a cabo sin tener que mendigar aprobaciones de ningún jefe. ¿Quería pintar mi escenografía de rosa chicle? ¡Podía hacerlo! ¿Se me antojaba producir historias de inspiración? ¡Podía hacerlo! ¿Quería pedir una reunión con el presidente de una empresa para venderle publicidad? ¡Podía hacerlo!

Por primera vez en mi trabajo experimenté una sensación que se convirtió en mi droga: la libertad total. Trabajaba muchísimas más horas que cuando era parte del noticiero e incluso me tocaba hacer trabajos físicos, pero tenía un entusiasmo que no se comparaba con nada de lo que había experimentado antes en mi vida.

Comencé a sentirme más en control de mi destino. Y ese sentimiento de libertad era tan bellamente intoxicante que ni las noches en vela trabajando ni las incertidumbres económicas me lo podían robar.

El 1 de diciembre de 2007 se hizo realidad mi sueño de tener un programa de televisión propio: *SuperLatina* se estrenó a sala llena en un depósito de alfombras del oeste de Texas.

Ese primer episodio estuvo dedicado a una misión solidaria. Junto con un grupo de voluntarios le renovamos la habitación por sorpresa a Yeanna, una estudiante local que nació con parálisis cerebral y que con su dedicación y buen humor se había ganado los corazones de todos en su escuela. Grabar ese show en honor a Yeanna es hasta el día de hoy una de las experiencias más gratificantes de mi carrera.

Si ves ese primer programa, es posible que notes que estoy bastante ojerosa. La explicación es simple: nos quedamos cortos de presupuesto y no nos alcanzó el dinero para comprar luces profesionales, así que grabamos los primeros episodios con luces de construcción que compramos en Home Depot (de esas que usan los albañiles).

Como buen episodio de estreno, no todo salió perfecto. Las situaciones disparatadas estuvieron a la orden del día, pues sin darse cuenta el señor Barry nos asignó un director que no hablaba español, así que el pobre diablo tenía que adivinar lo que yo estaba diciendo, incluyendo los pedidos de ir a corte o de ver alguna cinta con un informe especial.

Esa primera temporada fue una escuela acelerada del ingenio. Había que resolver situaciones inesperadas todo el tiempo. Y había que hacerlo rápido y dentro del presupuesto. También era necesario adaptarse a las circunstancias especiales que nos habían tocado.

Como hacíamos el show desde un depósito de alfombras, todo debía ser montado y desmontado cada vez que grabábamos. Los equipos no se podían dejar en el depósito de alfombras de una semana a la otra, porque nadie podía garantizarnos que no fueran a ser robados.

Así que Andy y yo teníamos que levantarnos temprano cada sábado y seguir la siguiente rutina: cargar todos los equipos desde nuestro departamento al auto, transportarlos al depósito de alfombras y bajarlos, mover la escenografía hasta que quedara en el lugar correcto, montar las cámaras y los trípodes, alistar los equipos de mezcla de sonido, monitores y demás material técnico, conectar todo eso entre sí y luego enchufarlo a la electricidad usando una serie de cables de extensión debidamente pegados al suelo con cinta adhesiva.

Una hora antes de comenzar la grabación, llegaban el camarógrafo y el director que nos había asignado la estación para chequear vídeo y sonido. Entonces nos asegurábamos de que todo estuviera funcionando debidamente. Y solo después de hacer todo eso me vestía con mi ropa del show, comenzaba a repasar mis guiones y a maquillarme.

Además de las complicaciones técnicas lógicas, hacer el show con audiencia en vivo desde un depósito de alfombras en un centro comercial también tenía otros desafíos. Con el correr de las semanas, nos dimos cuenta de que presenciar la grabación de un show de televisión no es tan divertido como parece. Las tomas deben repetirse una y otra vez, y pronto se vuelve una situación bastante tediosa para la audiencia. La gente que venía a ver las grabaciones perdía la paciencia y se marchaba para seguir con sus compras. Desde el escenario, mientras conducía el show, veía cómo los asientos se vaciaban y mi nerviosismo aumentaba: sabía bien que si no lográbamos llenar esos asientos en el centro comercial podía ir despidiéndome de *SuperLatina*.

No conocíamos a nadie que estuviera haciendo un programa de televisión independiente. Y menos de la manera en la que lo realizábamos nosotros. A la noche, cuando me agarraba el insomnio, siempre me preguntaba lo mismo:

¿Será que somos tremendos visionarios o
simplemente unos completos idiotas?

Uno de los problemas que teníamos consistía en que nuestra audiencia era doble: había que hacer algo interesante para quienes nos veían en sus casas *y también* para los que venían a ver la grabación en el centro comercial.

¿Qué hacer? Teníamos que mejorar. Después de darle muchas vueltas al asunto, se nos ocurrió una solución tan poco convencional como nuestro desafío: a fin de asegurar nuestra continuidad en el centro comercial, cada episodio debía tener un segmento que fuera especialmente atractivo para nuestra audiencia en vivo. También era clave que ese segmento fuera el último en grabarse, de modo que la gente se quedara hasta el final.

Probamos de todo: segmentos de zumba con chicas sexies, magos, quinceañeras modelando vestidos gigantes... pero las dos ideas que se llevaron la copa en la retención de la audiencia en vivo fueron las mascotas exóticas y el desfile de modelos infantiles. Nos volvimos tan buenos organizando actividades atractivas para la audiencia en vivo que hasta llegamos a predecir cuántas sillas se llenarían con familiares por cada modelo infantil que incluíamos. Y con respecto a las mascotas exóticas, humildemente, creo que parte de su éxito se debió a que me animé a bailar con una serpiente al cuello al estilo Britney Spears.

Es posible que esos segmentos que ideábamos para atraer a la audiencia en vivo no fueran lo mejor que haya visto en la historia de la televisión mundial... pero al menos resultaron efectivos y nos ayudaron a seguir nuestro aprendizaje como productores independientes de televisión.

De todas maneras, no todos fueron bochornos en esa primera temporada. También hubo historias de las que me sentí orgullosa y que recuerdo con mucho cariño. En aquellos tiempos, teníamos un segmento que hacía los sueños realidad, y a través de él nos asociamos con universidades de la zona a fin de sorprender a estudiantes que necesitaban dinero para continuar con su educación.

Con la complicidad de los maestros, organizábamos «misiones supersecretas» en las que interrumpíamos las clases y sorprendíamos a los alumnos con cheques gigantes de becas. Contando con la generosidad de la Universidad de Texas en el Permian Basin, entregamos cerca de 100.000 dólares.

SuperLatina comenzaba a encontrar su rumbo, por eso nos sorprendió cuando nos llamaron a una reunión inesperada. Tenían una mala noticia que darnos: el millonario que era dueño del canal y el centro comercial había cambiado de opinión. El depósito de alfombras iba a ser remodelado para convertirse en un nuevo espacio comercial.

Eso para nosotros solo significaba una cosa: a tan solo seis meses de haber nacido, cancelaban *SuperLatina*

(CONTINUARÁ... en el próximo «En primera persona».)

En profundidad:

¿Te dan curiosidad esos episodios grabados desde el depósito de alfombras? ¡Hemos compilado lo peor de lo peor para ti! Visita www.elcirculovirtuoso.com para ver el vídeo.

CAPÍTULO 6

EL GUERRERO: PERSEVERA POR TU SUEÑO

Pies, ¿para qué los quiero si tengo alas para volar?

—FRIDA KAHLO

«EL ÚNICO FACTOR
CAPAZ DE PREDECIR QUÉ
TAN EXITOSO SERÁ

El Guerrero

ES EL TAMAÑO DE

SU ESPERANZA».

@GabyNatale

Tómale una foto y compártelo en las redes sociales usando #ElCírculoVirtuoso

El guerrero es el quinto arquetipo de *El Círculo Virtuoso*. Llega para enseñarte que la batalla más épica es la que libramos en nuestro interior. De su mano aprenderás a sostener tu motivación a través del tiempo para lograr tu sueño.

El guerrero es oportuno. Despierta para acompañarte cuando llegan tiempos de adversidad y estás a punto de bajar los brazos. Viene a tu encuentro cuando te sientes desorientado y te preguntas a ti mismo por qué después de tantos sacrificios lo único que pasa... es que no pasa nada.

Con la ayuda del guerrero darás los pasos necesarios para perseverar en eso que visualizaste con el soñador, planeaste con el arquitecto, ejecutaste con el hacedor y perfeccionaste con el aprendiz.

El guerrero no es nuevo en tu vida. Tú y él son viejos conocidos. Te ha acompañado en cada encrucijada en la que ser fuerte era tu única opción.

Es la voz interna que te da ánimos para seguir adelante cuando sientes que ya no tienes fuerzas y parece que el mundo se ha vuelto en tu contra. Se hace presente a través de una frase alentadora que llega en el momento justo, una coincidencia inexplicable o una sensación de optimismo que te invade sin razón en un momento difícil. Es ese presentimiento que te indica que más allá del horizonte visible te esperan pasturas verdes, aun cuando a tu alrededor tus ojos solo observen tierras áridas.

El guerrero te recuerda que eso que buscas está a tu alcance, pero también te advierte que para alcanzarlo deberás atravesar tiempos de turbulencia que te pondrán a prueba.

El yo guerrero emerge cuando surgen las batallas más difíciles de *El Círculo Virtuoso*. Sientes que estás listo para ese gran paso por el que has estado trabajando arduamente, pero nadie más que tú parece darse cuenta del camino andado. Se trata de épocas en las que el desánimo acecha de cerca y se pondrá en evidencia qué tan comprometido estás con tu sueño.

El guerrero se manifiesta en tu vida con una misión: enseñarte que solo está derrotado quien ha dejado de luchar. Es que cuando reina la incertidumbre, la mayor hazaña no es escalar la montaña más alta, ni derrotar al adversario más tenido. **La proeza más audaz y difícil de lograr a través del tiempo es la de no darse por vencido.**

Hay un único elemento que pronostica las posibilidades de victoria de un guerrero. No se trata ni de la potencia de su ataque, ni de la eficacia de su defensa, ni mucho menos del grosor de su armadura. Ninguna de estas características puede por sí misma vaticinar el éxito de un guerrero.

El único factor capaz de predecir qué tan exitoso será un guerrero es el tamaño de su esperanza.

Aquel que transite su camino armado de una esperanza extraordinaria comenzará a tomar decisiones basadas en la fe y no en el miedo. Tendrá quietud, aunque esté rodeado de agitación. Claridad, aunque a su alrededor haya confusión. Y paz, aun en medio de la turbulencia.

El guerrero que logre cerrar sus ojos, abrir su mente y comenzar a ver más allá de lo aparente habrá dado el primer paso para liberar su poder ilimitado. Vivirá de acuerdo a la máxima que guía a los grandes gladiadores espirituales y que establece que **solo es posible ganar por fuera las batallas que antes se hayan vencido por dentro. No al revés.**

La llave de cualquier cambio trascendental está en las batallas del espíritu, no en las de los hombres. Los combates que se dan contra otros no son más que una ilusión. La verdadera batalla es la que se libra con quietud dentro de nuestro ser.

Para pensar

¿Qué batallas del espíritu librarías si supieras de antemano que están ganadas?

LAS BATALLAS SE GANAN POR DENTRO Y SE MANIFIESTAN POR FUERA	
LA BATALLA INTERNA	SE EXPRESA POR FUERA
MEREZCO SER AMADO	ACEPTO/NO ACEPTO • Ser insultado o maltratado por quienes me rodean. • A la gente tóxica como compañía. • Establecer como prioridad a las personas que solo me consideran como una opción. • Que tomen ventaja de mí con tal de estar acompañado. • Ser manipulado emocionalmente para hacer lo que otros quieren que haga.
MIS IDEAS Y OPINIONES SON VALIOSAS	ELIJO/NO ELIJO • Compartir mi punto de vista participando en reuniones de trabajo y discusiones abiertas. • Expresar en voz alta mis opiniones, aun cuando no siempre sean las más populares. • Expresar mi desacuerdo con mi pareja cuando creo que su opinión es errónea.
CREO EN MI POTENCIAL	ELIJO/NO ELIJO • Buscar activamente oportunidades donde pueda mostrarle mi talento al mundo. • Emprender desafíos basándome en mi aptitud y no solo en mi experiencia pasada. • Insistir y probar diferentes estrategias hasta que surjan las oportunidades que busco. • Tomar cada día decisiones que revelen que mi sueño es mi prioridad.

¿POR QUÉ ES IMPORTANTE ALIMENTAR NUESTRO YO GUERRERO? EL MITO DE LA ESCASEZ DE TALENTO

A todos nos ha tocado de alguna u otra manera compartir tiempo con personas talentosas. Quizás hayas tenido un vecino con una voz privilegiada, un familiar con una facilidad increíble para hacer cuentas mentales, una amiga especialmente histriónica a la hora de hablar en público, o un compañero de escuela que siempre era el más destacado en la clase de dibujo.

Es posible que tuvieras grandes expectativas para el futuro de estos talentosos que se cruzaron en tu camino. No obstante, si te toca volver a verlos décadas más tarde, quizás te desilusione enterarte de que muchos de ellos ni siquiera siguen practicando aquella habilidad por la que tú los recuerdas y que los destacaba del resto de la gente años atrás.

Cuando conocemos a individuos talentosos, anticipamos un gran porvenir para ellos, ya que solemos asumir que el talento es una rareza. Eso es un error. La realidad es que el talento es un recurso sumamente abundante. Todos tenemos algún grado mayor o menor de talento para algo.

Lo que escasea no es el talento. *Lo que realmente escasea es la determinación necesaria para llevar ese talento a buen puerto.*

Cada día desfilan por los pasillos de las escuelas atletas virtuosos que nunca jugarán profesionalmente porque no toman su entrenamiento lo bastante en serio. Alrededor del mundo hay computadoras repletas de manuscritos con novelas geniales que nunca verán la luz debido a que sus autores no lograron terminarlas. Y quién sabe de cuántos inventos nos estamos privando porque sus creadores ni siquiera se molestaron en patentarlos y darlos a conocer. Es por eso que el guerrero es el arquetipo que marca la línea divisoria entre los que se quedan en el montón y aquellos que realmente llegan lejos.

Si en verdad quieres sobresalir, hagas lo que hagas, sé comprometido. Busca la excelencia, no solo cumplir con lo que se espera. Pronto notarás que te has sumado a un club extremadamente reducido.

Ni una sola de las grandes personalidades que conocí y que lograron estar en el tope de su profesión y desarrollar su talento al máximo lo hizo sin valerse del enfoque, la determinación y la perseverancia que les proporcionó cultivar su yo guerrero.

No. El talento no es una rareza. La perseverancia sí lo es.

En este capítulo encontrarás

- La sección «El guerrero y la perseverancia», donde analizaremos cómo interpretar los NO que se presentan en tu camino. ¿Debes insistir o buscar nuevas opciones?
- «Guerreros mercenarios y misionarios». Descubre por qué la motivación y el «combustible» que usa un guerrero en el campo de batalla es clave para predecir sus posibilidades de éxito.
- «Elogio de la tristeza» (para recuperar la alegría). ¿Qué hacer cuando el guerrero siente que se quedó sin fuerzas?
- La sección «La palabra autorizada», con una entrevista exclusiva a Cristina Saralegui, quien comparte sus mejores consejos para inspirarte en el campo de batalla.
- El segmento «En primera persona», donde aparece la segunda parte de la historia «Del depósito de alfombras a la alfombra roja».

EL GUERRERO Y LA PERSEVERANCIA: EL NO COMO PARTE DEL PROCESO

Durante los años en que estuve desempleada (sí, es años con una «s» al final, porque fue más de uno) recibí cientos de negativas: por correo electrónico, telefónicamente, en persona durante entrevistas de trabajo, y en la forma de cartas formales declinando mi solicitud a becas de estudio.

Algunos de los rechazos mayores los recibí de grades estrellas mientras «hacía guardia» en la puerta de las estaciones de radio y televisión con mi currículum en mano con la esperanza de sumarme a su equipo de trabajo.

En esa época, cada vez que se me cerraba una puerta lo tomaba de manera muy personal. No se me ocurría que el problema quizás no fuera yo, sino que tal vez simplemente hubiera cuestiones de presupuesto, no contaran con una posición libre, o estuvieran buscando a alguien con otras características.

En ese tiempo, cada NO era tremendamente dramático. Lo tomaba muy a pecho y pensaba que se trataba de una prueba irrefutable de que no tenía nada que ofrecerle al mundo.

Cuando te tomas el rechazo como si fueras víctima de una gran conspiración en la que todos te odian y quieren verte derrotado, no te estás haciendo ningún favor. Al contrario, vuelves tu vida más difícil. En el mundo en que vivimos, recibir en algún momento uno o varios portazos en la cara es cada vez más la regla que la excepción. Casi no conozco personas a mi alrededor que jamás fueran despedidas de un empleo, hubieran tenido un proyecto que se canceló, o se presentaran como candidato para un trabajo donde no lo eligieran.

En mi caso personal, mirándolo desde la perspectiva que me dan los años, es posible que si alguno de esos correos electrónicos, llamadas telefónicas, entrevistas o «guardias» de mi época de desempleada hubiera sido exitoso, mi carrera internacional y este libro probablemente nunca habrían existido. Fue precisamente la sucesión de negativas que recibí durante años lo que finalmente me decidió a considerar otras opciones que abrieron nuevos destinos.

¡Cuántas veces habré llorado de frustración sin imaginarme que la vida me estaba haciendo un favor al decirme que no!

Si estás dispuesto a convertirte en el guerrero fuerte, decidido y valiente que vive en ti, vas a tener que entender que *el rechazo es simplemente parte del proceso*. Y que a veces las negativas que más nos duelen encierran las oportunidades más maravillosas.

Sin embargo, no todos los NO son iguales. A través de los años he aprendido que hay dos tipos de NO que llegan a nuestro camino: el «NO de desvío» y el «NO de subida».

El primer tipo de NO es el «NO de desvío». Estos son los NO que recibimos cuando una situación se traba tanto que, por más que intentemos una y otra vez, pareciera no haber manera de superarla. Lo más llamativo es que en ocasiones los «NO de desvío» se presentan incluso en situaciones que normalmente son fáciles de resolver, pero que por alguna razón continúan enredándose hasta volverse sumamente difíciles de concretar.

Cuando esto ocurre, es común que nos preguntemos sorprendidos por qué un camino que suele estar normalmente despejado se encuentra de forma súbita repleto de obstáculos. Es justo

El No de desvío versus el No de subida.

en ese momento en el que buscamos desorientados un camino alternativo (desvío) que —¡casualmente!— nos lleva a una nueva oportunidad.

Los «NO de desvío» son moneda corriente en los asuntos del corazón: esa pareja que nos hizo sentir que el mundo se venía abajo cuando nos abandonó inesperadamente también dejó nuestro corazón libre para conocer más tarde a un gran amor que sí supo hacernos felices.

El segundo tipo de NO es el «NO de subida». Estos son los NO que necesitamos derribar para avanzar hacia nuestro próximo nivel. Son los que requieren de nuestra tenacidad e insistencia a fin de dejarlos atrás. Es como si tuviéramos delante de nosotros una valla que hubiera que saltar para pasar al próximo capítulo de nuestra vida. Frente a un «NO de subida» debemos perseverar con todas nuestras fuerzas. Estos son los NO que debe afrontar cualquier actor primerizo antes de tener su primera oportunidad delante de las cámaras o un ejecutivo que busca un puesto de mayor responsabilidad para el cual anticipa que habrá muchos candidatos.

Las nuevas posibilidades que vienen a nuestra vida tienen una dinámica muy diferente de acuerdo a cómo hayan surgido. Mientras que las oportunidades que se derivan de los «NO de desvío» llegan a nuestra vida *gracias a que recibimos un NO*, las oportunidades que provienen de los «No de subida» llegan a nosotros *a pesar de que recibimos un NO*.

Ante las primeras, necesitamos responder desarrollando una *apertura mental* lo suficiente amplia como para considerar opciones alternativas a la original. En cambio, frente a las segundas, necesitamos construir un *enfoque láser* que nos permita insistir hasta lograr lo que buscamos.

El problema es que cuando recibimos un NO, ignoramos de cuál tipo de trata. *¿Debemos insistir o buscar nuevas opciones?* A priori, no tenemos forma de saber si se tratará de un «NO de desvío» o un «NO de subida». Ambos se ven de la misma manera. Solo la mirada en retrospectiva y la reflexión que viene con el paso del tiempo nos permite darnos cuenta de qué tipo de NO era el que teníamos en nuestro camino.

Es por eso que al recibir un NO resulta fundamental mantener la cabeza fría. Es mejor no apresurarse a asumir que ese NO significa necesariamente un mal presagio para nuestra vida. Déjate guiar por tu intuición a fin de ver si logras discernir alguna pista que te permita interpretar mejor la situación.

Y antes de desanimarte, recuerda lo siguiente:

Hay sorpresas maravillosas que llegan a nuestra vida empaquetadas en la forma de un NO.

Sintetizando...

NO DE DESVÍO	NO DE SUBIDA
Resultado Nos impulsa a nuevos caminos.	*Resultado* Nos Impulsa a nuevos niveles.
¿Cómo llegan las oportunidades? Gracias a que recibimos un NO.	*¿Cómo llegan las oportunidades?* A pesar de que recibimos un NO.
¿Cómo enfrentarlos? Con apertura mental.	*¿Cómo enfrentarlos?* Con enfoque láser y persistencia.
Algunos ejemplos de NO de desvío Los recibidos por trabajar en una profesión o industria que está desapareciendo.	*Algunos ejemplos de NO de subida* Los recibidos en nuestro camino por avanzar a posiciones de mayor jerarquía profesional.
Los recibidos al ser pareja de alguien que no me ama o no me respeta.	Los recibidos al rendir exámenes de alta complejidad.

GUERREROS MERCENARIOS VERSUS GUERREROS MISIONARIOS

Un guerrero mercenario es aquel que sale al campo de batalla y lucha motivado solamente por su propio beneficio económico y personal. A través de la historia, los primeros registros de guerreros

Tipos de guerreros.

mercenarios datan del año 1.500 antes de Cristo en el Antiguo Egipto. Documentos de la época señalan que el faraón Ramsés II empleó 18.000 guerreros mercenarios ofreciéndoles comida, agua y la posibilidad de quedarse con aquello que saquearan como pago.

A medida que pasaron los siglos, el uso de guerreros mercenarios se convirtió en una práctica común en multitud de ejércitos a través del planeta. Los griegos, celtas, romanos y japoneses, entre otros, utilizaron los servicios de los también conocidos como «soldados de la fortuna».

Lo opuesto a los codiciosos guerreros mercenarios eran los soldados que representando a su nación de origen luchaban inspirados por un ideal o una misión. Se trataba de verdaderos héroes que estaban dispuestos incluso a entregar la vida en pos de su patria.

En el campo de batalla, ambos tipos de guerreros eran percibidos de una manera muy diferente. Mientras que los guerreros mercenarios eran despreciados por su desmedido amor al dinero, los guerreros misionarios eran admirados por el compromiso con sus ideales y su capacidad de entrega.

Esta diferenciación entre guerreros motivados solamente por el dinero y guerreros inspirados a pelear por un ideal o una misión también puede ser útil fuera del ámbito bélico. En el mundo de los negocios, Randy Komisar, inversionista y profesor de la Universidad de Stanford, introdujo en su libro *El monje y el acertijo* la distinción entre mercenarios y misionarios.

Él explica que aquellos emprendedores que fundan sus empresas basados en una misión —y no solamente con la intención de volverse millonarios— logran construir proyectos más exitosos y a largo plazo terminan paradójicamente con más dinero en el banco que quienes comenzaron sus compañías motivados solo por el objetivo de hacer dinero

De acuerdo al autor, la clave para entender este fenómeno está en el «combustible» que cada uno de estos grupos de emprendedores le pone a su proyecto: mientras los mercenarios se apoyan en su empuje, son oportunistas y buscan resultados a corto plazo, los misionarios convierten a su pasión en el motor del emprendimiento, son estratégicos y piensan a largo plazo.

Esta diferencia de «combustible» tiene un impacto fundamental en su calidad de vida. Para los mercenarios, las satisfacciones solo comenzarán una vez que puedan recibir las recompensas que vienen de su proyecto (seguridad, bienestar económico, etc.). Para los misionarios, en cambio, el bienestar no solo derivará de lo material, sino de la posibilidad de llevar a cabo un proyecto en sí mismo y causar a través de él un impacto en el mundo.

Creo que esta distinción entre mercenarios y misionarios puede ser tremendamente útil también a la hora de considerar nuestras motivaciones a medida que recorremos *El Círculo Virtuoso*. Por ejemplo, al guerrero le será mucho más fácil perseverar y sostener su motivación en el tiempo si tiene una meta que —aun cuando pueda traerle gran satisfacción económica— también incluya un sentido de misión.

Estoy convencida de que en el plano creativo y espiritual, cuando tus objetivos e intereses personales están alineados con los de tu sueño, te vuelves un guerrero imparable. Aquello que para los mercenarios constituye un gran sacrificio personal que están dispuestos a realizar con tal de volverse ricos, para ti que estás inspirado por tu misión será una experiencia rica que formará parte de una vida plena y con propósito.

Y lo mejor de todo es que al final del día no solo serás tú quien note la diferencia de convertirte en un guerrero misionario. El resto de la gente también lo notará. *Si hay algo que brilla y no pasa desapercibido en este mundo es un trabajo hecho realmente con amor.*

SUGERENCIAS PRÁCTICAS PARA ALIMENTAR AL GUERRERO QUE HAY EN TI

- *El que la sigue, la consigue.* Cultiva al guerrero y su perseverancia para minimizar los vaivenes de la suerte. La suerte a veces juega a favor y a veces en contra, por eso es fundamental que siempre estés haciendo tu parte insistiendo para que cuando se den las condiciones apropiadas, puedas aprovecharlas. Recuerda que aquel que persevera constantemente, tiene constantemente la posibilidad de acertar. Nunca sabes cuál puede ser el día en que la oportunidad golpee a tu puerta.

- *No olvides que estás de paso.* Es normal que mientras perseveras en tu sueño tengas que tomar decisiones que te empujarán fuera de tu zona de confort. Quizás tengas que mudarte de ciudad, hablar en público, cambiar de trabajo o tomar decisiones financieras diferentes a las que tenías en el pasado. En medio de estas circunstancias, no puedes permitir que el temor o la inseguridad te paralicen. Cuando te encuentres frente a una encrucijada que no sepas cómo resolver, tómate un minuto de quietud contigo mismo y contesta esta pregunta: *¿Estoy tomando esta decisión basado en el miedo o en la fe?*

- *Reemplaza el por qué con el para qué.* Cuando algo malo nos ocurre, el primer instinto suele ser preguntarnos por qué de todas las personas que existen en el planeta, este problema nos ha tocado justo a nosotros. Al hacernos esa pregunta, nos asignamos el rol de víctima y quedamos indefensos. Todos los días suceden milagros y tragedias, ¿por qué no nos iba a tocar algo malo también a nosotros? Nadie está inmune de vivir los reveses del destino.

  Sin embargo, la pregunta que puede ayudarte a transmutar ese dolor en algo positivo es *para qué*. *¿Para qué ha ocurrido este episodio en mi vida? ¿Hay alguna lección valiosa que pueda aprender de esta experiencia? ¿De qué manera esta circunstancia podría convertirse en un episodio de evolución para mí o de beneficio para otros?* A veces, de los momentos más turbulentos emergen los crecimientos más valiosos.

- *Recluta a tu ejército.* Tu sueño no tiene por qué ser un secreto de estado. Cuéntaselo a otros. ¡Compártelo con el mundo! Crea una rutina para circular por los ambientes donde puedas encontrar gente que te ayude con su conocimiento, tiempo, recursos o contactos. Necesitarás crear esa «tribu» que va a ser tu red de contención (y a la que tú también ayudarás cuando te necesiten).

- *Sé estratégico con tu energía, protege tu psiquis y elige bien en qué «batallas» decides involucrarte.* Una manera fácil de hacer esto es preguntarte a ti mismo cuál es la causa o la motivación detrás de alguna confrontación o conflicto que estés atravesando.

  La próxima vez que discutas, pregúntate a ti mismo: *¿Era este un altercado que elegí tener o simplemente me dejé arrastrar por una provocación? ¿Tenía ganas de entrar en esta confrontación o simplemente me dejé llevar? ¿Valió la pena?*

  Si te sientes tentado a discutir porque estás de mal humor o quieres hacer catarsis y descargarte con alguien más, detente.

Un guerrero no usa la confrontación para endulzar su ego o probar su superioridad frente a otros. La confrontación debe ser siempre una herramienta, no una válvula de escape. Nada bueno puede salir de una discusión iniciada simplemente para evacuar el mal humor. Ante la duda, respóndete a ti mismo las siguientes preguntas: *¿Estoy discutiendo para llegar a una solución o para demostrar que tengo razón? ¿Estoy diciendo cosas hirientes solo para aliviar mi enojo y sentirme mejor?*

- *Pausa sí, renuncia no.* Cuando sientas que no puedas más, date permiso para hacer un paréntesis. Descansar, recargar energías y volver al ruedo es también una opción válida para cualquier guerrero que sienta que está al borde de sus fuerzas. Recuerda que avanzar lento es mejor que no avanzar, y hacer una pausa es mejor que abandonar tu camino. ¡Si no puedes insistir, ponte en modo de pausa, pero nunca te detengas! En momentos de desánimo o confusión, eleva las antenas de la intuición más que nunca y mantente atento a las señales del destino para decidir tu próximo movimiento.

CUANDO EL GUERRERO SE SIENTE DERROTADO: ELOGIO DE LA TRISTEZA (PARA RECUPERAR LA ALEGRÍA)

AQUEL QUE TIENE UN PORQUÉ PARA VIVIR PUEDE SOPORTAR CASI CUALQUIER CÓMO.

—FRIEDRICH NIETZSCHE

Pocas cosas pueden hacernos sentir más abatidos que la injusticia. A veces, resulta ganador el que menos lo merece. Otras, no hay castigo para quien ha obrado mal. También puede suceder que algo horrible e injustificado le ocurra a alguien de buen corazón.

¿Qué hacer cuando los tramposos salen victoriosos, cuando se castiga injustamente a los inocentes o cuando nos vemos frente a desgracias inexplicables?

Hasta el guerrero más voluntarioso se siente sin aliento frente a estas circunstancias. La sensación de impotencia es sobrecogedora y pareciera como si estuviéramos oprimidos frente a un callejón sin salida.

¿Qué pasa cuando algo duele demasiado? ¿Está mal apenarse? ¿Hay que seguir adelante como si nada hubiera sucedido?

En ocasiones sentimos como si tuviéramos la obligación de estar alegres todo el tiempo. Es común que cuando algo malo ocurre nos digamos unos a otros de manera bienintencionada: «No te amargues, todo va a pasar» o «Al mal tiempo, buena cara». De esta manera, lo que buscamos es darnos ánimo, intentando minimizar nuestro dolor.

Es como si pensáramos que, como por arte de magia, una circunstancia profundamente dolorosa se hará más fácil de sobrellevar si ignoramos nuestros sentimientos.

De manera inconsciente, hemos etiquetado algunas emociones como buenas y otras como malas. En esa visión bipolar de nuestras emociones, estar alegre es siempre algo deseable y sentirse apenado es algo que siempre es negativo y debe evitarse.

Sin embargo, las emociones no son ni buenas ni malas. Cada una tiene su función. Incluso aquellas que usualmente consideramos como menos deseables.

Para algunos, por ejemplo, tener momentos de tristeza es signo de debilidad.

Nada más alejado de la verdad. La tristeza también resulta fundamental para nuestro bienestar. Intentar evitarla a toda costa es negarse la posibilidad de experimentar el rango de emociones con el que hemos sido creados.

Sin la tristeza, es imposible procesar los cambios profundos que nos sacuden el alma. La tristeza funciona muchas veces como el reposo del guerrero. Es un bálsamo curativo que ayuda a sanar heridas profundas.

Por más que duela, atravesar nuestras penas es un requisito previo a fin de volver a sentirnos fuertes. Negarnos la posibilidad de estar tristes es negarnos la posibilidad de reconocer que algo no nos hace felices, hacer un duelo y volver al ruedo renovados para seguir dando batalla. Lágrimas y risas son los dos extremos de lo mismo. No se puede concebir las unas sin las otras.

Abrazar temporalmente la tristeza no es rendirse. Es simplemente hacer una pausa cuando ya no podemos más. A veces, esa pausa es justo lo que necesitamos para recargar fuerzas y regresar más fortalecidos que nunca. Recuerda que para renacer y recuperar todo su esplendor el ave fénix necesita primero arder y convertirse en cenizas.

Es un error pensar que la tristeza resulta una emoción inútil. La tristeza nos sirve para aceptar las pérdidas de nuestra vida. Funciona como una alarma cuando una relación nos está haciendo mal, nos ayuda a reflexionar acerca de nuestros propios errores (para así poder corregirlos) y nos permite conectarnos con los demás al comprender su dolor. ¿Cómo podríamos conmovernos con las lágrimas ajenas si no tuviéramos la capacidad de sentir tristeza en el alma al ver a otros sufriendo?

La tristeza nos ayuda a desahogarnos. Atravesarla nos da la posibilidad de hacer catarsis e ir expulsando lentamente la angustia de nuestra alma. ¿Has notado que siempre te sientes un poco más aliviado después de llorar? Así que cuidado con autoimponerse una «dictadura de la alegría». Aquel que intente forzar su alegría corre el riesgo de entumecer su propia sensibilidad y desconectarse de sus emociones.

La comida, las compras compulsivas, los vicios y las distracciones se volverán tentaciones irresistibles en su camino a anestesiar las penas. No obstante, el esfuerzo será en vano, porque esas no son más que gratificaciones momentáneas que no solucionarán el problema de fondo.

Recuerda que la fortaleza del guerrero no se encuentra en ganar todas las batallas. Está en sacudirse el polvo y volverse a poner de pie.

NOTA: Aquí quiero hacer una aclaración. Cuando hablo de tristeza me estoy refiriendo a la emoción que es la cara opuesta de la alegría. De ninguna manera estoy haciendo referencia a la depresión, que es una enfermedad clínica que debe ser tratada por especialistas.

Para pensar

¿Cómo usar la tristeza de manera positiva?

- *Reconoce qué relaciones están haciéndote sentir apenado. Si crees que son tóxicas para tu espíritu, no te aferres más a ellas. Por más difícil que sea, déjalas ir. Confía en que del otro lado de la tristeza te esperan nuevas compañías que reemplazarán estas lágrimas de tristeza por otras de alegría.*
- *Hazte a ti mismo la firme promesa de convertirte en agente de cambio de eso que te ha generado impotencia. Súmate a causas o grupos que aboguen por un mundo más justo. Ese desasosiego que sientes hoy puede ser el impulso que necesitas para comprometerte aún más con tus convicciones.*
- *Si la tristeza que sientes ha sido causada por conductas autodestructivas, no esperes un minuto más y busca ayuda. Usa esta pena que sientes hoy como motor de tu propia revolución personal.*

DEL LODO AL ESPLENDOR: EL LOTO, UNA FLOR GUERRERA

Flor de Loto: la flor guerrera.

La flor de loto es una hierba acuática que a través de la historia ha sido considerada sagrada en diferentes religiones del antiguo Egipto, India y China. Es símbolo de superación, espiritualidad y pureza.

Además de desplegar una belleza singular, la flor de loto encierra una maravillosa metáfora sobre superación y resiliencia. Puede decirse que el loto es toda una flor guerrera, ya que su destino es emerger victoriosa por encima del lodo que la rodea.

La flor de loto crece en la oscuridad de los pantanos y estanques, rodeada de impurezas. A medida que crece, su tallo —que puede llegar a medir varios metros— asciende desde el fondo del estanque hasta la superficie, donde expide una flor de majestuosa belleza.

Cada noche, la flor se cierra y se hunde bajo el agua. Cada amanecer se alza y vuelve a abrirse. Durante todo el proceso, el loto no entra en contacto con las impurezas. Sus pétalos se mantienen impecables, sin mancharse con el lodo que los rodea.

El loto nos recuerda la arrolladora fuerza que poseen los espíritus nobles para elevarse por encima de la adversidad y vencerla sin corromper su esencia.

La palabra autorizada

Cristina Saralegui – LA GUERRERA

Con Cristina Saralegui.

«Gaby, te voy a dar una recomendación porque tú puedes hacerlo. Cuando escribas tu primer libro, no metas la pata escribiéndolo sobre los artistas. Escríbelo sobre ti misma y da buenos consejos», me advirtió —profética— Cristina Saralegui la primera vez que nos sentamos a charlar cara a cara.

En ese entonces *El Círculo Virtuoso* todavía no estaba ni siquiera en pañales. Aún faltaban años para que se gestara este libro que hoy tienes entre tus manos, pero la legendaria «reina de los talk shows» se valió de su gran intuición y me regaló un consejo que decidí seguir al pie de la letra cuando llegó la hora.

Para mí, Cristina no representaba una entrevista más. Se trataba de una oportunidad por demás especial. Era poder finalmente conocer en persona a la *self made woman* de los medios latinos que desde la pantalla me había demostrado que aquello con lo que yo soñaba —tener mi propio programa de televisión— era posible.

«Yo nunca en mi vida he tenido que acostarme con nadie para ser Cristina Saralegui. Y eso no hay muchas que lo puedan decir en esta carrera», me disparó sin vueltas ni bien comenzamos a hablar de una de las partes más oscuras de este negocio: la falta de escrúpulos que tienen algunos profesionales a la hora de buscar atajos para ascender en su carrera.

«Todas me tenían envidia, porque todas querían mi trabajo. Hay gente que no tiene madre, que por un trabajo son capaces de hacer cualquier cosa. Yo no soy de esas», explicó enfáticamente al hablar de los feroces celos profesionales que ocurren entre presentadoras. Y agregó con un tono de voz muy parecido al que usan las madres para aconsejar a sus hijos: «¿Pero sabes qué, Gaby? Si tú estás clara y sabes quién eres y qué quieres, NADIE te puede tocar».

Y se ve que estaba en lo cierto, porque su fórmula para triunfar le dio un sinfín de satisfacciones a lo largo de más cuatro décadas. Entre los logros obtenidos figuran doce premios EMMY, un estudio de televisión propio, una revista con su nombre, un canal de radio, varios libros de su autoría y hasta una estrella en el paseo de la fama de Hollywood.

«Yo no le he pedido nunca nada a nadie. Si tú dependes de un hombre, ese hombre te va a dictar lo que tienes que hacer.

Si dependes de una compañía, la compañía te va a dictar lo que tienes que hacer. No hay independencia sin independencia económica», afirma con el particular estilo sin pelos en la lengua que la convirtió en la mujer más exitosa de la televisión.

Una de las marcas registradas de Cristina fue la de asumir riesgos al planear su programa y convertirse en toda una pionera a la hora de hablar en televisión nacional sobre temas como el sida, la violencia doméstica o el abuso sexual, que usualmente eran considerados tabú por la audiencia latina. Poner su plataforma al servicio de asuntos de interés social —afirma— es la satisfacción más grande que le ha dado su carrera.

«Ayudar a la gente joven brindándole información sobre el sida es para mí lo mejor que he hecho en toda mi carrera. Queremos que la gente sepa que esta lucha aún no está ganada», me dice acerca de la causa a la que más tiempo le ha dedicado —la de la prevención del VIH— y la que en su momento le permitió unir fuerzas con grandes figuras de Hollywood de la talla de Elizabeth Taylor.

Pero no todo han sido rosas en la vida de esta cubana. En su camino al éxito también ha conocido el sabor del desengaño y ha tenido que ponerles el pecho a cancelaciones de su show, un divorcio, el intento de suicidio de uno de sus hijos, la muerte de entrañables hermanos y hasta a una etapa posterior a la televisión tan dolorosa que casi la hace caer en la adicción al alcohol.

Sin embargo, en cada paso del camino, su marido Marcos y el amor de los suyos la sacaron adelante. Quienes la conocen saben que en su filosofía de vida es donde encuentra su carta ganadora porque esta guerrera nació para reescribir las reglas del campo de batalla donde le toque pelear para ir siempre... ¡p'arriba y p'adelante!

En profundidad

¿Te quedaste con ganas de escuchar más consejos y vivencias de Cristina? Visita www.elcirculovirtuoso.com para ver el video completo de la entrevista que Gaby le hizo a la reina de los talk shows.

En primera persona

Del depósito de alfombras a la alfombra roja (Parte 2)

«El dueño del canal decidió cancelar tu show. Lo siento, Gaby», me informaron. Salí aturdida de la reunión. Las palabras resonaban en mi cabeza una y otra vez, pero todavía no lograba procesarlas.

¿De veras eso iba a ser todo? ¿Tanto esfuerzo, sudor y lágrimas para estar solo seis meses al aire?

Me sentía agotada y no tenía ni idea de cuál debía ser el próximo paso. Llevaba meses trabajando como profesora de comunicación durante la semana y como productora/conductora de televisión durante los fines de semana.

A veces me dejaba ganar por el desánimo y pensaba que todo lo que había vivido había sido un gran delirio. Quizás la equivocación no fuera que nos hubieran cancelado el show, sino que nos dijeran que sí en primer lugar. ¡Había llegado a Estados Unidos hacía apenas tres años y medio! ¿Quién diablos me creía que era para pensar que podía tener mi propio programa de televisión? ¿Oprah? ¿Martha Stewart?

Mi teléfono sonó. Me avisaron que en tan solo un par de semanas debíamos desalojar el depósito de alfombras donde grabábamos

SuperLatina. El camino por delante se veía tan confuso que pensar en darme por vencida era a veces una idea reconfortante.

Teníamos muy poco tiempo y muchísimas decisiones que tomar. *¿Intentábamos continuar con el programa de televisión o nos dedicábamos a otra cosa? ¿Qué hacíamos con la escenografía y el escenario que habíamos construido? ¿Conservábamos las cámaras y equipos un tiempo más o los vendíamos para comenzar a pagar las deudas que contrajimos al iniciar el show?*

Y ahí, en medio de la desorientación, la guerrera en mí se despertó. Algo me decía que todavía no estaba jugada la última carta de *SuperLatina*. No tenía *ninguna* razón para ser optimista sobre el futuro del show, pero la guerrera interna me decía que debía seguir adelante de todas maneras. Que, a pesar del momento turbulento, *debía aprender a ver más allá de lo aparente* y confiar en que del otro lado de la tempestad me esperaba la calma.

Necesitábamos movernos rápido. Si se corría el rumor de que nos habían echado, sería aún más difícil conseguir un nuevo contrato con otra estación. Es que con los canales de televisión pasa igual que con los empleos (¡y con los novios!), por alguna razón, si ya tienes uno, es más fácil conseguir otro nuevo.

Sorpresivamente, la jugada salió bien. Un canal local que me conocía por mi trabajo en el noticiero acordó reunirse con nosotros y nos hizo una oferta para que *SuperLatina* se sumara a su programación. Respiramos aliviados. *SuperLatina* seguiría al aire y con la novedad de que sería en una pantalla con programación cien por ciento en español.

El cambio forzoso de canal tuvo un final feliz, pero nos dejó un sabor amargo: comprobamos en carne propia lo volátil que es la industria de la televisión. Aunque trabajes duro y cumplas con todo lo que te exijan, la situación de los que pertenecemos a la industria es precaria: cualquier día pueden cambiar las estrategias de programación, los ejecutivos que toman decisiones o incluso los propietarios del canal, y entonces —¡pum!— te quedaste fuera del aire. Por eso, agradezco cada minuto en que tengo la posibilidad de trabajar en lo que me hace feliz y nunca doy por sentada cada oportunidad que se presenta. Sé que en este negocio nadie es irreemplazable. Hoy estás, mañana quién sabe.

En esas primeras épocas de *SuperLatina*, también hicimos algo que resultó ser una excelente idea: comenzamos a subir nuestros vídeos desde el año 2007 a una plataforma digital que estaba dando sus primeros pasos y parecía prometedora. Se llamaba... YouTube.

Me encantaría presumir de que comenzamos a subir los vídeos de *SuperLatina* a YouTube porque éramos grandes visionarios, supremos estrategas de la comunicación, y presentíamos desde entonces el rol fundamental que jugarían las redes sociales en el futuro... ¡pero decirte eso sería tremenda mentira!

La verdadera razón por la que comenzamos a compartir nuestro show en YouTube es más simple: queríamos que mamá Cristina, papá Roberto y la suegra Marta —que viven en Argentina— pudieran ver el show. Esta decisión hecha en un inicio por motivos estrictamente familiares resultó ser clave más adelante.

Mientras tanto, seguíamos trabajando. Pensábamos que los momentos de mayor inestabilidad para el show finalmente habían quedado atrás. *SuperLatina*, que aún ni cumplía su primer año al aire, había superado varios desafíos: los problemas de financiación iniciales, la logística del lanzamiento desde un depósito de alfombras, la cancelación súbita del show y el relanzamiento en un segundo canal. ¡Mi cuota de crisis anuales ya estaba más que cubierta!

Me sentía contenta de que finalmente hubiéramos logrado cierta solidez después de tanta incertidumbre. Corrían los primeros meses del año 2008 y decidí ingenuamente renunciar a mi trabajo como profesora en la universidad.

En ese momento, ni me imaginé el gran paso en falso que acababa de dar. Ahora que contaba con una estación de televisión en español que se había comprometido a darnos continuidad en pantalla y patrocinadores locales que se iban sumando mes a mes... *¿qué podría salir mal?*

Lo que no había previsto es que estábamos en la antesala de lo que sería la crisis económica más grande del país desde la Gran Depresión.

En los Estados Unidos comenzaba a estallar la crisis de las hipotecas. El 15 de septiembre de 2008, el banco de inversiones Lehman Brothers se declaró en bancarrota. La bolsa se desplomó y la crisis financiera pronto se expandió de Estados Unidos al resto del planeta.

Las malas noticias no tardaron en llegar también para nosotros. El país vivía una situación de incertidumbre extrema. En unas pocas semanas la actividad económica había caído abruptamente. Nadie sabía cómo seguiría la cosa y mis clientes no eran la excepción. Aterrorizados por lo que estaba ocurriendo en el mundo, buscaban bajar sus costos y cancelaban el gasto en publicidad, incluyendo su patrocinio en *SuperLatina*.

Uno de mis clientes principales de ese entonces, un concesionario de autos que nos tenía mucho aprecio, nos citó para darnos la mala noticia en persona. El desconcierto en la empresa era tal que ni siquiera sabían si la marca de vehículos que ellos comercializaban iba a sobrevivir la crisis. En ese contexto, ¿cuál era el sentido de patrocinar en televisión?

Comencé a angustiarme. Ya no contaba con mi empleo como profesora en la universidad. El show era todo lo que tenía y solo nos quedaba dinero para cubrir unos meses más. Si *SuperLatina* no funcionaba, iba a tener que salir a buscar trabajo otra vez en medio del desempleo y la recesión.

Tu sí que eres un genio, pensé irónicamente. *Te las ingeniaste para cambiar de país sin cambiar de vida: vas de desempleada en Argentina a futura desempleada en Estados Unidos. ¡Ja!*

Era como si la historia se estuviera repitiendo ante mis ojos. De pronto, comenzaron a venir a mi mente imágenes del pasado: las empresas quebrando, el desempleo por las nubes, la gente marchando por las calles, la sensación de desamparo generalizada...

«Tengo el toque de Midas, pero a la inversa. En lugar de transformar lo que toco en oro... ¡todo lo que toco se transforma en basura! ¡O peor, en recesión!», le dije a Andy frustrada mientras miraba las noticias calamitosas que ocurrían a través del mundo y el país.

Es que realmente no podía creer lo que veían mis ojos. En Estados Unidos, la tierra de la oportunidad y la abundancia, la gente estaba perdiendo su techo, su trabajo, incluso los ahorros de toda una vida. Era una verdadera tragedia.

«Esta película ya la vimos en otro país. Recuerda muy bien esto que te digo: no tendré una bola de cristal, pero te puedo decir exactamente lo que va a pasar en la televisión de Estados Unidos, porque será lo mismo que sucedió en la de Argentina en épocas de crisis», me dijo Andy con firmeza. Y acto seguido comenzó a enumerar sus predicciones: reducción de presupuestos, despidos masivos, desaparición de shows que requirieran superproducciones, congelamiento de nuevos proyectos y cosas por el estilo.

«No puedo creer que tengamos que atravesar todo esto... ¡otra vez! Después de todo lo que vivimos, siento como si ya tuviéramos un doctorado en recesiones», me quejé sin pensar mucho lo que decía.

Espera. Un. Minuto.

¡Si estábamos a las puertas de una gran recesión y nosotros teníamos un «doctorado en recesiones», quizás no todo estuviera perdido! *¿Qué implicaciones podría tener esto? ¿Sería posible que contra todo pronóstico estuviéramos frente a una gran oportunidad?*

Decidimos trazar un plan de emergencias basado en todo lo que habíamos aprendido con nuestro «doctorado en recesiones». Para eso, necesitábamos implementar cambios en tres áreas: distribución, contenido y modelo de negocios.

El primer cambio fue la distribución del show. Estaba claro que debíamos diversificarnos. No podíamos seguir teniendo todos los huevos en una sola canasta (o en un solo canal de televisión en este caso). Si queríamos sobrevivir, había que llevar el show a más ciudades.

Para lograr eso, teníamos que hacer un segundo cambio: el del contenido. *SuperLatina* ya no podía mostrar solamente historias locales. Era necesario crear un contenido que le ofreciera a nuestro público historias que pudieran ser disfrutadas por todo el mundo, más allá del lugar desde donde nos sintonizaran.

El tercer cambio tuvo que ver con el modelo de negocios. Era obvio que los canales ya no tendrían presupuestos para contrataciones. Si querían novedades en su programación, iban a tener que unir fuerzas con productores externos (como nosotros).

Debido a que sabíamos que las estaciones de televisión tenían los bolsillos vacíos, decidimos ir con una propuesta no tradicional: en lugar de pedirles que nos compraran el show, les ofrecimos asociarnos. Ellos recibirían un show listo para sacarlo al aire y nosotros a cambio comercializaríamos parte del tiempo del corte.

A medida que avanzaba la crisis económica, comenzó a ocurrir *exactamente* lo que habíamos anticipado basándonos en nuestro «doctorado en recesión»: los noticieros y programas de variedades que producían los canales locales iban siendo cancelados por falta de recursos. Esas medias horas sin programación fija se multiplicaban por todo el país.

Si toda la industria se estaba contrayendo y nosotros lográbamos encontrar una fórmula para expandirnos, quizás tuviéramos una oportunidad de que *SuperLatina* siguiera adelante.

Algo que nunca cedimos fue la propiedad intelectual del show: los derechos de *SuperLatina* nunca fueron parte de la negociación. Nos pertenecieron siempre a nosotros. De esa manera, tendríamos la posibilidad de hacer acuerdos en diferentes mercados sin tener que consultar con ninguno de nuestros socios.

¿Funcionaría nuestro plan de supervivencia ante la recesión? Había solo una manera de averiguarlo. Armados con DVDs y material promocional, viajamos durante meses a diferentes ciudades para visitar a los directores de programación.

Como solo teníamos presupuesto para ir en carro, comenzamos con los mercados que estuvieran más cercanos. Así fue como conocí casi todas las ciudades de Texas y Nuevo México. Desde la fronteriza El Paso hasta la excéntrica Roswell (que por si no lo saben es la sede global de la actividad extraterrestre), pasando por la colonial San Antonio y la opulenta Houston.

Convencer a los directores de programación no era tarea fácil. Fuera de Midland-Odessa nadie había escuchado hablar del show o de nosotros. Sin embargo, poco a poco nuestra perseverancia dio sus frutos. Para mediados del año 2009, *SuperLatina* se encontraba presente en tres ciudades. ¡Nuestro «doctorado en recesiones» estaba dando resultado!

Por esa misma época, una de nuestras reuniones con los canales en Texas resultó ser todo un éxito. En Dallas, un canal líder de la ciudad estaba interesado en sumar *SuperLatina* a su programación. Tanto, que debíamos mudarnos lo antes posible. Finalmente, *SuperLatina* se convertiría en un show regional. ¡Y Dallas, nuestro nuevo hogar, estaba entre los cinco mercados más importantes del país para la televisión latina!

En camino de regreso a Midland-Odessa, caímos en la cuenta de lo que había ocurrido: la crisis económica argentina del año 2001, una de las experiencias más difíciles que nos había tocado vivir, nos había preparado con la fortaleza y la claridad necesarias para poder aprovechar la oportunidad que se nos presentaba ahora.

Mientras buscábamos casa donde vivir en Dallas, nos tocó ver el lado más doloroso de la recesión en Estados Unidos. Muchas de las propiedades que estaban en venta habían sido atacadas por sus propios habitantes.

Se trataba de un fenómeno que se había extendido durante la crisis hipotecaria. Horas antes de ser desalojados por los bancos, los ocupantes de la propiedad, presos de la impotencia, intentaban destruir lo que hasta ese momento había sido su hogar. Me tocó ver con mis propios ojos exquisitas piscinas con rastros de mazazos, paredes de cocinas con agujeros de martillazos y ventanas rotas. Fue una experiencia muy impactante. Aquellos que piensen que es imposible palpar el dolor ajeno al entrar en una habitación vacía deberían pasar unos minutos en alguna de esas casas.

Mientras tanto, en el canal de televisión de Dallas, los planes para *SuperLatina* avanzaban. Después de algunos retrasos, finalmente el equipo legal de la estación oficializó el contrato y tuvimos fecha de lanzamiento. «Marquen sus calendarios. ¡El 4 de agosto es el gran estreno de *SuperLatina* en Dallas!», nos avisaron.

Desde ese momento, comenzó la cuenta regresiva. Comenzamos a trabajar contra reloj para dejar todo listo. Estábamos obsesionados con el 4 de agosto, e íbamos tachando los días y las semanas entusiasmados.

No me da vergüenza admitir que en las semanas previas al estreno me volví toda una «cronometrada». Y es que un lanzamiento así requiere de bastante preparación. Hay que planear estrategias de promoción, de ventas, y producir los contenidos del show.

(*Apúrense… Ya casi es 4 de agosto.*)

También le dimos un nuevo aspecto al show con gráficas más modernas y refrescamos todas las fotos promocionales. Como parte de mi «estilo cronometrado» previo al debut, teníamos contemplados todo tipo de planes de contingencia para hacerle frente a cualquier eventualidad que surgiera durante las grabaciones.

(*Claro que sí. ¡El 4 de agosto ya está a la vuelta de la esquina!*)

Había instrucciones especiales por si acaso nos fallaba un invitado, por si había un problema técnico de último minuto, por si queríamos grabar al aire libre y había mal tiempo… Pensamos que teníamos todo cubierto, pero qué equivocados estábamos…

(*Como dicen por ahí, si quieres hacer reír a Dios, solo tienes que contarle tus planes.*)

Lo que no habíamos contemplado es que por más que uno intentara e intentara controlar todo, a veces lo que se atraviesa en nuestros planes es la vida misma. Y eso fue exactamente lo que ocurrió: a pocos días del estreno regional, recibí una noticia inesperada.

«Los análisis salieron mal, Gaby. Encontraron un *carcinoma*», me decía mi mamá desde el otro lado de la línea. La escuché atentamente, manteniendo la calma mientras ella me explicaba algunos detalles médicos que no terminé de entender del todo.

Cuando colgué el teléfono, entré a Google para investigar. Leer la definición de carcinoma fue como recibir un puñetazo en el estómago: *Un carcinoma es una forma de cáncer de tipo maligno. Los carcinomas constituyen el tipo más común de cáncer.*

Volví a llamar a mi mamá para confirmar la noticia. Estábamos las dos tan conmocionadas que casi no nos animábamos ni a decir esa palabra tan temida.

—Mamá, eso del *carcinoma* no lo entendí bien —le dije con un hilo de voz—. ¿Tú tienes cáncer?

—Sí, hijita —me confirmó mi mamá.

Se hizo un silencio que pareció una eternidad. Y nos soltamos a llorar las dos en el teléfono. Mi mamá tenía cáncer de seno y necesitaba comenzar su tratamiento lo antes posible.

—¿Y ahora qué pasará? ¿Cuáles son los próximos pasos? —le pregunté ansiosa.

—Los médicos ya me dieron fecha para mi operación. Será el 4 de agosto —me informó mi mamá.

4. De. Agosto.

La fecha que había estado esperando hace meses ahora cobraba otro significado. De todos los días del año y de todos los años vividos, ¿cuáles eran las probabilidades de que dos acontecimientos tan importantes —la operación de mi mamá y el lanzamiento en Dallas del show— se dieran en un mismo día?

Decidí tomar esto como una señal que me dio ánimo en un momento difícil. Desde hace tiempo, cuando me ocurren cosas así, lo tomo como *causalidades* y no como meras *casualidades*. Además, yo siempre le decía a mi audiencia y a los entrevistados que debían mantenerse esperanzados. Esta vez, me tocaba a mí predicar con el ejemplo.

Cuando finalmente llegó el tan esperado 4 de agosto, me encontró rodeada de maquillaje, spray fijador y rulos para el cabello. Sin embargo, no era porque estuviera preparándome para salir al aire, sino por otras razones.

Me encontraba en Argentina a fin de acompañar a mi mamá el día de su operación y para mantenernos entretenidas le había dicho que íbamos a hacer una «sesión Glam» de peinado y maquillaje. La idea era que llegara a los exámenes prequirúrgicos hecha toda una reina.

La «sesión Glam» fue nuestra manera femenina y algo alocada de buscar una excusa para sonreír en un día triste. La única condición que puse para oficiar de maquilladora y peinadora improvisada era que no se mirara en el espejo hasta que termináramos el proceso para que tuviera un «efecto sorpresa».

¡Y vaya si lo tuvo! Al ver el resultado final (que incluía brillitos dorados muy bonitos) mi mamá me reclamó que se me había ido la mano y la había dejado como una bataclana. La cuestión es que se había hecho tarde y ya no teníamos tiempo de ajustar el maquillaje a su gusto, así que entre risas me contó cómo iba dejando un «sendero de brillitos dorados» en cada máquina que debía usar para sus chequeos.

Por suerte, la operación de mi mamá fue todo un éxito. Así que pude regresar más tranquila a Dallas, donde el show continuó su curso normal después de poner al aire algunos episodios que había dejado grabados antes de volar a Argentina.

Los siguientes años nos dedicamos a reinvertir, mejorar la calidad del show y viajar para conseguir las mejores historias que pudiéramos. Poquito a poco, empezaron a llegar los frutos del esfuerzo: abrimos AGANARmedia (nuestra propia agencia de mercadeo para públicos latinos), se sumaron más clientes y comenzaron a llegarnos nominaciones a premios.

También, nuestro YouTube comenzó a tomar vida propia. El canal *gabinatale* que habíamos abierto en el año 2007 para mostrarle nuestro show a los familiares que vivían lejos se había multiplicado

en visitas (hoy supera los 45 millones) y se convirtió en una herramienta fundamental a la hora de expandir el show.

En 2014, siete años más tarde de ese comienzo accidentado
desde un depósito de alfombras en Odessa, recibimos la llamada
con la que habíamos soñado desde nuestro primer episodio de
SuperLatina: un canal nacional nos ofrecía que el show se viera de
costa a costa de los Estados Unidos.

CAPÍTULO 7

EL CAMPEÓN: LOGRA TU SUEÑO

Ni siquiera un dios puede cambiar en derrota la victoria de quien se ha vencido a sí mismo.

—BUDA GAUTAMA

#ElCírculoVirtuoso

«SER COMO
Verdaderamente
SOMOS NOS HACE
Campeones».

@GabyNatale

Tómale una foto y compártelo en las redes sociales usando **#ElCírculoVirtuoso**

El campeón es el séptimo arquetipo de *El Círculo Virtuoso*. Marca la hora de la cosecha: tu sueño finalmente se transformará en realidad. Así que prepárate para la gloria.

Los tiempos del campeón son perfectos. Llega a tu vida no cuando tú quieres, sino cuando estás listo para recibirlo. Ni un día antes. Ni un día después. Por más que lo intentes, no hay manera de forzar su arribo.

Para que el campeón aparezca en tu camino es necesario que se alineen tres elementos: la preparación, las ganas y la oportunidad.

Resulta fundamental que los tres elementos estén presentes de manera *simultánea*. Si tienes preparación y oportunidad, pero no ganas, te faltará el empuje necesario para luchar por tu sueño. Si tienes ganas y oportunidad, pero no preparación, te faltará el conocimiento necesario para articular tu sueño. Si tienes ganas y preparación, pero no oportunidad, te faltará ese empujón del destino a fin de alcanzar tu sueño. Solo a través de la combinación de los tres elementos lograrás invocar al campeón para que se presente en tu vida y puedas con él cumplir tu sueño.

Junto al campeón lograrás aquello que visualizaste con el soñador, planeaste con el arquitecto, ejecutaste con el hacedor, perfeccionaste con el aprendiz y por lo que perseveraste con el guerrero.

Los campeones sabios eligen la prudencia. Saben que la soberbia de un éxito solo dura, cuando mucho, hasta que se atraviese el próximo fracaso. Aprendieron que la victoria y la derrota no son un destino final, sino un estado de tránsito. Por eso no pierden la humildad en épocas de triunfo, ni la esperanza en tiempos de desazón. El camino les ha enseñado que acierto y error no son más que dos caras de una misma moneda.

El campeón desafía la lógica. Da sorpresas. Es impredecible. Es la fuerza inexplicable que invierte el resultado de un partido en el último tiempo de juego. Es el virtuosismo inesperado en manos de un novato que logra el golpe que deja a su oponente fuera de combate. Es el fuego sagrado que recompensa a los corazones rebeldes que creen en su propia grandeza y se lanzan a la conquista de lo desconocido.

Quien cultiva en su interior al campeón, cultiva la fe en su propia grandeza. Y descubre, golpe a golpe, un secreto que solo saben los grandes: *del otro lado del ring nunca hubo otros contendientes, solo estuvieron tus propios miedos.*

ACLARACIÓN:

En el mundo de las competencias deportivas se le llama «campeón» a quien vence a uno o varios adversarios y se queda con el premio mayor. En decir, que alguien siempre debe perder para que otro tenga la posibilidad de ganar. La figura del campeón en *El Círculo Virtuoso* está entendida en un sentido más amplio, en el cual un logro o una consagración no tienen por qué ser antecedidos por la derrota de alguien más. Al final del día, las victorias más grandes son las que logramos sobre nosotros mismos.

> ## En este capítulo encontrarás
>
> - «Los cinco pecados capitales que rondan al campeón».
> - La sección «La palabra autorizada», donde Eugenio Derbez, el comediante más popular de México, comparte el largo camino que lo llevó a convertirse en un «campeón instantáneo» de la taquilla de Hollywood.
> - El segmento «En primera persona», con la tercera parte de la historia «Del depósito de alfombras a la alfombra roja».

CINCO PECADOS CAPITALES QUE RONDAN AL CAMPEÓN

El sexto arquetipo de *El Círculo Virtuoso*, el campeón, marca el momento de la consumación de ese logro o sueño por el que tanto trabajaste. Se trata de un momento de celebración, pero también de reflexión sobre el camino recorrido.

Dicen que es en los tiempos de fracaso, no en los de éxito, donde más aprendemos. Sin embargo, el paso del campeón por nuestra vida también encierra lecciones valiosas. Al ir avanzando en el sentido de tus logros, es probable que encuentres respuestas a algunos de los interrogantes del pasado, mientras que al mismo tiempo comienzan a surgir nuevas preguntas.

Por eso, en este capítulo encontrarás algunos desafíos que surgen cuando ya has logrado ese sueño u objetivo que te propusiste inicialmente. A estos desafíos los llamo los «pecados capitales» del campeón y los más comunes son los siguientes cinco:

1. **LA FRIVOLIDAD:** Campeón, NO confundas lo duradero con lo efímero.

2. **LA CULPA:** Campeón, NO tienes que «pagar» con dolor por tu éxito.
3. **LA SOBERBIA:** Campeón, NO confundas lo propio con lo prestado.
4. **LA PEREZA (INTELECTUAL):** Campeón, NO te duermas en los laureles.
5. **LA VERGÜENZA:** Campeón, NO reniegues de tus raíces.

PECADO CAPITAL #1: LA FRIVOLIDAD —
Campeón, NO confundas lo efímero con lo duradero.

Si tu sueño está basado en conexiones, belleza o juventud, pronto te darás cuenta de que estás sentado sobre un castillo de naipes. Al más leve soplo de viento en contra, todo se desplomará.

Cualquier cosa que construyas sobre cimientos débiles está destinada a derrumbarse tarde o temprano. Esto parece una verdad evidente, pero demasiada gente la olvida a la hora de erigir sus proyectos.

Trabajo en una industria (la de los medios de comunicación) donde es cada vez más común encontrar personas que le dan prioridad al envase por encima del contenido. Construyen carreras que muchas veces tienen una escalada meteórica, pero mientras más vertiginoso es el ascenso, más abrupta resulta la caída cuando se les pasó la hora. Seguramente tú también te cruzarás en tu vida con estos «campeones con pies de barro» que tristemente se convierten en desechables cuando se marchita el envase o se les acaba la protección del padrino de turno.

Tus sueños no son una carrera de velocidad. Si quieres que tus proyectos perduren en el tiempo, hagas lo que hagas, apuesta siempre a la sustancia. Solo aquellos que planean su futuro profesional construyendo sobre ideas resisten la prueba del tiempo.

No hace falta trabajar frente a las cámaras para sentir presión por cumplir con las apariencias en cuanto a la imagen o la clase. Las redes sociales explotan de perfiles e imágenes donde se venden vidas perfectas e imaginarias, que no existen en la realidad. Es por eso que hace falta tener la claridad para saber separar el ruido y la apariencia de lo real.

Pepe Mujica, el antiguo presidente de Uruguay que hizo un culto de la vida austera aun durante su tiempo como primer mandatario, dejó pensando a muchos con esta reflexión sobre la frivolidad y el consumo, la cual se convirtió en un vídeo viral a través de las redes sociales:

Inventamos una montaña de consumo superfluo, y hay que tirar y vivir comprando y tirando. Y lo que estamos gastando es tiempo de vida, porque cuando yo compro algo, o tú, no lo compras con plata, lo compras con el tiempo de vida que tuviste que gastar para tener esa plata. Pero con esta diferencia: la única cosa que no se puede comprar es la vida. La vida se gasta. Y es miserable gastar la vida para perder libertad.

En un mundo tan desesperado por impresionar a los demás, el acto de rebeldía más grande sea quizás el de vivir tu vida de manera auténtica, enfocándote en la sustancia y no en la cáscara.

PECADO CAPITAL #2: LA CULPA — *Campeón, NO tienes que «pagar» con dolor por tu éxito.*

La primera vez que me di cuenta de que sentía culpa porque había tenido éxito en algo tenía dieciséis años. Había logrado pasar el examen de ingreso en una de las universidades más exigentes de mi país y me sentía muy orgullosa de mí misma. Aprobar ese examen había requerido mucha dedicación de mi parte, incluyendo viajar regularmente a otra ciudad para tomar clases extracurriculares durante meses mientras cursaba el último año de la preparatoria.

Al enterarme de la buena noticia de mi ingreso, lo primero que hice fue algo que hoy me parece insólito: fui a mi habitación, junté toda mi colección de muñecas, y los llevé a un orfanato de regalo. Sin dudas se trató de un gesto bonito (eso no está en discusión), pero detrás de esa acción había algo más que unas inocentes ganas de hacer beneficencia. Yacía la convicción de que, si algo bueno ocurría en mi vida, yo debía equilibrarlo de alguna manera: para cada ganancia debía haber una pérdida.

En ese momento era muy joven para darme cuenta de lo que me ocurría. Mi papá, que había presenciado la escena, me escribió una carta muy amorosa a la que tituló «Las muñecas no pagan». En ella me explicaba que si bien ayudar al prójimo es siempre un gesto loable, pensar que tenía que desprenderme de mis muñecas por haber aprobado el examen era un error. Podía tener mi buena noticia y también mis muñecas. Y no tenía nada de malo si así lo deseaba.

En su nota, mi papá me explicaba que la vida no se rige por una ley de compensación de alegrías, donde cada risa debía pagarse con una lágrima. Y que si no prestaba atención, iba a crecer alimentando en mí un sentimiento de culpa por cada logro que tuviera. Esa carta marcó la primera vez que comencé a pensar en la culpa. Me di cuenta de lo común que es sentirla, en especial en momentos donde las cosas marchan bien.

La culpa puede expresarse de muchas maneras: saboteando tus propios esfuerzos, empequeñeciendo tu luz para que otros alrededor se sientan más cómodos, dejando que la gente que te rodea tome ventaja de ti porque «total, a ti te ha ido bien y a ellos no tanto», o sintiendo que eres un impostor cuando la realidad es que te has ganado de buena ley cada logro en tu camino.

Pon atención la próxima vez que te ocurra algo bueno y fíjate si inconscientemente estás pensando que algo malo seguro está en camino para emparejar las cosas. Recuerda que, como dice mi padre, «las muñecas no pagan».

PECADO CAPITAL #3: LA SOBERBIA —
Campeón, NO confundas lo propio con lo prestado.

En la película «El informante», Al Pacino interpreta a Lowell Bergman, un productor estrella del programa de investigación *60*

Minutos. El filme está basado en hechos reales y narra los detalles de una investigación exhaustiva que puso al descubierto cómo los abusos de la industria tabacalera estaban poniendo en jaque la salud de la población.

El personaje de Al Pacino encabeza el equipo de investigación y ha conseguido una seguidilla de exclusivas fenomenales para el show. En medio del filme, las cosas se complican y este productor estrella tiene un momento de crisis. Necesita saber qué parte de los resultados que está teniendo dependieron de sí mismo y qué parte fueron consecuencia de integrar el equipo de uno de los programas más vistos del país.

«Soy Lowell Bergman de *60 Minutos*», explica con vehemencia. «Sabes, si le quitas *60 Minutos* a esa frase, nadie te regresa la llamada», admite con honestidad brutal el productor estrella del programa. ¡Cuando vi esta parte de la película tuve que poner la pausa! Había mucho sobre lo cual reflexionar.

En un mundo donde los egos se inflan con tanta facilidad, la pregunta que plantea Lowell se vuelve más útil que nunca. ¿Qué parte de tu éxito está basada en los méritos propios y qué parte en el lugar que te toca ocupar? ¿Qué oportunidades de las que hoy gozas dependen de tu cargo en la empresa para la que hoy trabajas y cuáles estarían disponibles aun si perdieras tu trabajo? ¿Cuántos de los que hoy te rodean y son parte de tu vida seguirían a tu lado si se borrara tu empleo de tu vida?

Me ha tocado ver de primera mano con mucha pena cómo se les cerraban todas las puertas a ejecutivos de alto nivel, periodistas talentosos o estrellas de la televisión al quedarse sin trabajo. ¡Qué diferente hubiera sido su suerte si se hubieran hecho a tiempo la pregunta que se hace el personaje de Al Pacino! ¡Cuánto más livianos hubieran ido por el mundo sin cargar tanta soberbia sobre sus hombros!

Campeón querido, no caigas en la trampa de pensar que eres alguien muy importante por el trabajo que desempeñas. Mientras más inflado está el ego, más duro es el golpe cuando algo no sale como se planeó. He visto a «jefes de jefes» quedarse sentados sobre una calabaza —como Cenicienta después de la medianoche— cuando fueron despedidos y —en un abrir y cerrar de ojos— se esfumaron los aduladores del campeón, las invitaciones a eventos VIP y las atenciones de los colegas.

Cuidado con caer en la tentación de creerte superior a los demás. Mantén los ojos bien abiertos para no confundir lo propio con lo prestado. No te marees con tu título, el tamaño de tu oficina o el prestigio que pueda tener la empresa que te emplea. Todas estas cosas pueden ser reconfortantes y está bien que las disfrutes, pero nunca te olvides de que están de paso. Nadie es irreemplazable.

Lo mismo vale en sentido opuesto: cuando las cosas vayan mal, no pienses que un despido o la falta de oportunidades es un reflejo de tu valor como persona o profesional. Recuerda que ni el trabajo de mayor responsabilidad del mundo te hace superior a alguien ni el de mayor humildad te convierte en menos que nadie.

Sé inteligente y aprovecha tu tiempo en cada trabajo para perfeccionar y cultivar los talentos, relaciones y oportunidades que puedan serte útiles más allá de quién te emplee o qué tareas realices en determinado momento.

Trabajar para alguien más no tiene absolutamente nada de malo… siempre y cuando no te olvides de que al final del día, debes primero trabajar para ti mismo.

PECADO CAPITAL #4: LA PEREZA —

Campeón, NO te duermas en los laureles.

LOS ANALFABETOS DEL SIGLO VEINTIUNO
NO SERÁN AQUELLOS QUE NO SABEN LEER Y
ESCRIBIR, SINO AQUELLOS QUE NO PUEDAN
APRENDER, DESAPRENDER Y REAPRENDER.

—ALVIN TOFFLER

Imágenes del cuartel general de Facebook. Cuando Mark Zukerberg, su fundador, llega a su oficina, el cartel que lo recibe lleva el nombre de su compañía (arriba a la izquierda). Al regresar a su casa, el cartel que lo despide lleva el nombre de la compañía que anteriormente ocupaba ese espacio (abajo a la izquierda). Un buen recordatorio de que todo es transitorio.

Hay campeones que una vez que consiguieron lo que buscaban se vuelven perezosos. Pierden la curiosidad y repiten las mismas fórmulas. A medida que pasa el tiempo, ofrecen viejas respuestas a nuevas preguntas, y terminan extinguiendo su propio éxito.

Conocí una de las historias más impactantes de «campeones extinguidos» hace algunos meses, cuando me tocó ir a dar una conferencia de negocios en las oficinas centrales de Facebook en *Silicon Valley* como parte de la Cumbre de las Américas. Durante mi visita, aproveché para recorrer los famosos cuarteles de la red social más grande del planeta.

Lo que más me impactó del campus es la historia detrás del cartel a la entrada a la empresa. Al pasar por el frente, se ve un letrero con el legendario ícono de «Me gusta» que es sinónimo de

Facebook alrededor del mundo. Sin embargo, en el lado de atrás del cartel se ve algo muy diferente. Y esa es la parte más interesante de la historia.

En el año 2011, cuando Facebook necesitaba nuevas oficinas, su fundador, Mark Zuckerberg, decidió comprarle la propiedad que hoy ocupa el campus de Facebook a una empresa llamada Sun Microsystems.

Esta era una compañía que fabricaba costosos servidores para computadoras y fue una potencia en la década de 1990. Años más tarde, a medida que las computadoras PC fueron adoptadas de manera masiva por los consumidores, los servidores que fabricaba Sun Microsystem comenzaron a ser cada vez menos necesarios. Al igual que Blockbuster, Sun Microsystems no pudo adaptarse a los cambios de la industria y desapareció.

Al comprar la propiedad que había pertenecido a Sun Microsystems, Zuckerberg decidió tomar una decisión muy particular: en lugar de reemplazar el cartel de entrada con uno nuevo, simplemente giró el que ya estaba montado y colgó el cartel de Facebook con la manito indicando «Me gusta» en el frente del viejo letrero.

La razón fue simple y poderosa. Decidió conservar el deteriorado cartel de Sun Microsystems en el reverso como un recordatorio diario de lo que puede ocurrir cuando nos negamos a adaptarnos a los nuevos tiempos.

Cada mañana al llegar a su oficina, Zuckerberg ve el cartel del frente con el logo de la empresa que fundó cuando aún era un estudiante y que se transformó en un fenómeno global. Es una celebración de los aciertos y todo lo logrado. Pero al marcharse a su casa, es el cartel de Sun Microsystems, no el de Facebook, el que lo despide hasta el otro día en el frente de su empresa. Esta es una advertencia de los peligros de dormirse en los laureles: lo que hoy es un éxito, mañana puede ser solo un recuerdo.

Hacer cambios a veces asusta. Pero lo que ocurre cuando nos negamos sistemáticamente a hacerlos suele ser todavía más atemorizante.

PECADO CAPITAL #5: LA VERGUENZA —
Campeón, NO reniegues de tus raíces.

Hay una raza especial de campeones que, con cada peldaño que suben en su camino al éxito, van olvidando quiénes eran y de dónde venían. Son los campeones a los que les ha dado la «amnesia del éxito».

A medida que avanzan en su camino, comienzan a desesperarse tanto por complacer a los nuevos amigos y conocidos que intentan borrar sus raíces, opiniones personales, y a veces incluso hasta su verdadero nombre. Tienen miedo de ser rechazados en sus nuevos círculos si se muestran tal como son.

A medida que sus horizontes se expanden, también se expande la vergüenza que sienten por sus raíces. Por eso, es común que se conviertan en verdaderos camaleones, creando historias y persona-lidades ficticias que según esperan los ayudarán a encajar mejor en su nuevo «hábitat».

De lo que estos «campeones amnésicos» no se han dado cuenta es de que, en su intento por satisfacer voces y expectativas aje-nas, están intentando esconder el tesoro más grande que poseen: su identidad.

Esa historia, esos «defectos» o imperfecciones no son motivo de vergüenza. Son la materia prima de nuestro ser. Y lo que nos hace únicos en este planeta.

KINTSUGI: El arte japonés de amar las cicatrices

El *kintsugi* 金継ぎ es una antigua técnica de cerámica japonesa que consiste en reparar objetos uniendo sus partes rotas con hilos de oro. En lugar de intentar disimular las imperfecciones, el *kintsugi* las usa como punto de partida para recomponer y darle carácter al objeto.

Para aquellos que practican el *kintsugi*, las grietas y heridas que deja el paso del tiempo no son algo que debe ser ocultado o disimulado, sino constituyen motivo de orgullo. Son justamente las roturas, no las superficies perfectamente lisas, las que cuentan la historia del objeto y le dan su carácter único.

El *kintsugi* encierra una idea poética y poderosa: son nuestras cicatrices las que nos hacen hermosos y nos dan la posibilidad de renacer.

Kintsugi.

La palabra autorizada

La historia de un «éxito instantáneo» que tardó doce años en alcanzarse — Eugenio Derbez

Cuando la película *Instructions Not Included* [No se aceptan devoluciones] se convirtió en un éxito en las salas de cine de los Estados Unidos, tomó a todos por sorpresa. La mayoría de los grandes directores y productores de Los Ángeles no

Con el incansable actor, conductor y productor mexicano Eugenio Derbez. Esta
foto la tomamos pocas horas antes del estreno de *Instructions not included*, la película
que lo consagraría como la estrella latina más prometedora de Hollywood.

habían escuchado hablar nunca del filme creado por el comediante Eugenio Derbez, que le había dado tremenda paliza en las taquillas a los grandes tanques de Hollywood.

¿Cómo era posible que un «total desconocido» hubiera logrado crear un éxito instantáneo tan fulminante?, se preguntaban los popes de los estudios al ver por primera vez en su vida la foto de Eugenio Derbez en los periódicos de Los Ángeles.

Lo que no sabían los ejecutivos es que a este querido comediante mexicano ese «éxito instantáneo» en Estados Unidos le había tomado cuarenta años de carrera. Y que la película que salió «de la nada» para batir récords de taquilla había tardado *doce años* en gestarse. Durante ese tiempo, Derbez había tenido que no solo escribir el guión del filme, sino también producirlo, protagonizarlo, dirigirlo y hasta ponerse al frente del proceso de edición.

Cuando me reuní con Eugenio para entrevistarlo, estaba a horas nada más del estreno que le cambiaría la vida por siempre y lo convertiría en el campeón de las taquillas de cine. Nos encontramos en Texas, durante una de las últimas paradas antes del estreno, a fin de hablar sobre esta historia agridulce que había creado para contar el vínculo entre un padre soltero mexicano y su hija estadounidense. Tenía el nerviosismo típico que antecede al lanzamiento de un nuevo proyecto, pero también el alivio de estar llegando al final de varias semanas intensas de promoción.

Lo primero que me contó fueron los años de preparación que tuvo que atravesar para poder crear la película. Una de las experiencias más formativas a fin de dar el salto a Hollywood había sido su paso por los escenarios de Broadway.

«Tuve que enfrentar muchos miedos. El mayor fue el idioma. Para mí, el inglés ha sido una barrera muy grande. El desafío más fuerte fue animarme a trabajar en Broadway. Tenía que hacer cuatro monólogos en inglés y me moría de los nervios. Antes de salir a escena me daban temblores y sudaba», explica apasionado.

Además del idioma, hubo otros desafíos que tuvo que enfrentar para buscar nuevos horizontes. Con el objetivo de aprovechar sus primeras oportunidades en Estados Unidos, Eugenio tuvo que organizar una agenda de trabajo no convencional: cada fin de semana viajaba de ida y vuelta desde Ciudad de México a Nueva York. Y lo hacía en condiciones que muy pocas estrellas consagradas de la televisión latina hubieran aceptado.

«No me pagaban sueldo aquí en Estados Unidos. Mucho menos me cubrían los costos de hoteles o aviones. Era algo

en lo que yo invertía con tal de que me dejaran pisar un escenario en Broadway. Lo hice durante dos años y medio para
poder finalmente ganarme mi espacio», confiesa con un tono
de complicidad, como quien cuenta una travesura.

Para Derbez, sus incursiones en Broadway y su película
Instructions Not Included no solo representaban la posibilidad
de abrirse nuevos horizontes. También eran, por encima de
todo, una victoria apoteósica sobre los prejuicios de una industria que le había dado la espalda: la del cine.

Y es que la semilla que le dio vida a *Instructions Not
Included* no está ni en los billetes que financiaron el filme, ni en
los guiones que detallaron las tomas de la película, ni tampoco
en algún visionario plan de mercadeo. El germen de la película
que cambiaría para siempre la vida de Derbez está en el dolor
de aquel que se siente injustamente excluido.

Pocos los saben, pero el creador de «La familia Peluche»
conoce muy bien el sabor amargo del rechazo. Durante años,
golpeó las puertas de los más reconocidos directores mexi-
canos con la esperanza de que le dieran una oportunidad de
trabajar en cine. Sin embargo, el esfuerzo fue en vano. «Eres
demasiado comercial», le decían una y otra vez cuando lo des-
cartaban de los proyectos a los que intentaba sumarse. Por
loco que pareciera, su gran popularidad en la televisión se
había convertido en una desventaja a la hora de hacer una
transición a la pantalla grande.

Harto de que lo encasillaran y le cerraran la puerta en
la cara, Derbez decidió crear sus propias oportunidades.
Transformó la frustración en ganas.

Finalmente, después de más de una década de esfuerzo,
se estrenó *Instructions Not Included* el fin de semana del Día
del Trabajo del año 2013. La película de bajo presupuesto diri-
gida por el actor a quien nadie quería emplear para sus filmes

recaudó más de cien millones de dólares en ventas. Tuvo un éxito tan rotundo que se convirtió en el film en español más visto de la historia en los Estados Unidos y en la película mexicana más taquillera de todos los tiempos.

El mismo fin de semana del estreno de la película, Eugenio Derbez cumplió cincuenta y dos años. Su regalo de cumpleaños fue comprobar que no hay sueño demasiado grande cuando las ganas, la preparación y la oportunidad se alinean para convertirte en el campeón.

En primera persona

Del depósito de alfombras a la alfombra roja (Parte 3)

En la alfombra roja de los premios EMMY, horas antes de que la Academia anunciara que, por primera vez en su historia, un show independiente en español recibiría dos estatuillas en una misma jornada. Se trataba de mi show, SuperLatina.

«El campeón no arriba cuando tú quieres, sino cuando estás preparado. Su presencia no puede acelerarse ni demorarse». Para una persona tan «cronometrada» como yo, esta es una de las lecciones más difíciles de aprender.

Hay una larga lista de cosas que he buscado a través de los años —mi primer trabajo como periodista, mis mudanzas o mi show— que no se dieron tan rápidamente como a mí me hubiera gustado. Muchas veces la espera parecía interminable. Sentía que el campeón iba llegando a mi vida... ¡pero en cámara lenta!

Con los años, fui descubriendo que querer controlarlo todo no solo era agotador, sino también improductivo. Aprendí que la mejor manera de usar mi energía era enfocándola en lo que sí dependía de mí: la preparación y las ganas (los primeros dos elementos del campeón). De esta manera, me aseguraba de que cuando se presentara la oportunidad (el tercer elemento del campeón y el que menos podemos controlar) iba a estar lo más lista posible para aprovecharla.

Ese cambio de enfoque me trajo sorpresas muy agradables. Descubrí que, si bien no era posible acelerar al campeón, tampoco había manera de detenerlo. Cuando ha llegado su hora, el poder ilimitado de los sueños obra maravillas aun sobre cosas que a primera vista parecen casi inalcanzables.

La historia que te contaré a continuación es un testimonio de esto.

Cuando abrí la casilla de correo electrónico, casi se me cae la mandíbula de la impresión. «¡Felicidades, están nominados a los premios Daytime Emmys!». Leía y releía el correo electrónico sin poder creer la noticia. El remitente del mismo era ni más y ni menos que la Academia Nacional de Ciencias y Artes Televisivas de los Estados Unidos. ¡Anunciaba que *SuperLatina* tenía no una, sino dos nominaciones! Competiríamos en las categorías «Mejor programa de entretenimiento en español» y «Mejor conducción en español». La gran premiación sería en tan solo semanas y tendría lugar en el hotel más grande de la ciudad de Los Ángeles.

A mí no hacía falta que me contaran nada de esta entrega de premios. Conocía de memoria de qué se trataba la ceremonia de verla por televisión. Allí habían premiado a leyendas que han sido grandes referentes para mí como Oprah Winfrey, Barbara Walters y Ellen DeGeneres.

La sorpresa que nos causó la noticia fue tan grande que cuando Andy llegó a la oficina y se lo conté, ni siquiera me creyó que nos habían nominado. Tuve que enseñarle el correo en la pantalla de la computadora como evidencia, porque lo primero que pensó era que le estaba gastando una broma.

—¿Y con quién competimos? —me preguntó con curiosidad ahora que había caído en la cuenta de que la cosa iba en serio.

En el apuro ni me había fijado. Así que entré en la página web de *E! Entertainment* y revisé con atención la lista de nominados. Ahí vi finalmente a nuestros compañeros de categoría.

—Mmm... Vamos contra la CNN y Univision. Somos el único show independiente —le contesté mientras leía los detalles de cada una de las categorías en las que participábamos.

—Ah, entonces no hay por qué preocuparse —me contestó Andy con ironía—. Estamos compitiendo *solamente* con la cadena de noticias más grande del planeta y el canal latino más visto de los Estados Unidos.

Estallamos en risas. Es que sin sentido del humor hubiera sido imposible sobrevivir todos estos años las altas y bajas que atravesamos con el show. Y para ser fieles a la verdad, Andy estaba en lo correcto: *no había por qué preocuparse*. Ya habíamos hecho todo lo que teníamos a nuestro alcance preparando el mejor contenido que pudiéramos. El resto del proceso ya no dependía de nosotros.

¡Qué liberador sentir que el resultado final no estaba en nuestras manos! En realidad, las posibilidades de que un programa independiente pudiera vencer en los Emmys a dos titanes de la comunicación como CNN y Univision eran tan remotas, que sinceramente no sentimos la más mínima presión por ganar. Así que decidimos dedicarnos a disfrutar profundamente del momento más allá de lo que ocurriera el día de la premiación.

Lo primero que hicimos fue agradecer. Llamamos a familiares, colegas, amigos y patrocinadores para manifestarles nuestro aprecio. Nos dio una especial satisfacción darle la noticia al equipo de nuestro canal (VmeTV) que fue quien creyó en nosotros lo suficiente como para poner el show al aire a nivel nacional.

Al enterarse de la buena nueva, Doris Vogelmann, nuestra directora de programación, me dijo algo que nunca olvidaré: «No todo es dinero, Gaby. A veces, tener un gran presupuesto no garantiza nada. La magia no se puede comprar».

Nunca deja de sorprenderme el poder ilimitado que se desata cuando ponemos nuestra energía y nuestros sueños en acción. Hacía apenas un tiempito yo era una más de las personas que estaban pegada a la pantalla mirando la premiación en pijamas desde casa... ¡y ahora tendría la oportunidad de ser parte de la fiesta más importante de la industria!

A medida que se acercaba la fecha de los premios Daytime Emmys comenzamos a sentir las mariposITAs en el estómago. El equipo de la academia estaba en constante comunicación con nosotros para coordinar todos los detalles: necesitaban desde vídeos de *SuperLatina* hasta el nombre de la persona designada a subir al escenario en caso de ganar.

«¿Tienes preparado un discurso de agradecimiento en caso de que ganemos?», me preguntó Andy cuando faltaban apenas unas semanas para la ceremonia.

La verdad es que no había querido preparar nada por cábala. En el pasado, había estado nominada a otros premios no una ni dos, sino siete veces, sin tener suerte.

De todas maneras, cuando ya estábamos a apenas unos días de los Emmys decidí preparar un discurso solo por si acaso. Dada la remota posibilidad de que resultáramos premiados, no quería convertirme en uno esos ganadores que después de esperar toda una vida para ese momento, cuando finalmente suben al escenario para aceptar el premio, hacen el ridículo porque no saben ni qué decir. (Nominada precavida, vale por dos.)

Llegamos a Los Ángeles el día anterior a la entrega de premios para poder estar descansados. Queríamos disfrutar de toda la experiencia sin estar dando carreras. No mucha gente sabe esto, pero las actividades para los nominados comienzan días previos a la ceremonia. Una de ellas es la del salón de los regalos, que es una especie de exhibición privada ofrecida por los patrocinadores del evento para agasajar a los nominados.

La mañana del día de la premiación se pasó volando. A eso de las diez, llegó el escuadrón de belleza a fin de ayudarme a estar lista para la gran alfombra roja de los Emmys. Entre una cosa y otra, el proceso de peinado, maquillaje y cambio de vestuario duró como tres horas. Justo para el momento en que terminamos con mi apariencia, había llegado la hora de ir para el evento. Andy ya estaba bañado, peinado, perfumado y listo con su esmoquin. Había tardado cuando mucho veinte minutos y se veía guapísimo.

Antes de salir de la habitación, nos dimos un beso y respiramos hondo. Habíamos trabajado casi diez años para tener la oportunidad de ser parte de una ceremonia como la que estábamos a punto de experimentar esa noche. Pasara lo que pasara, ya nos sentíamos ganadores.

Atravesamos los controles de seguridad de los Emmys y llegamos al área de la alfombra roja. Detrás de escena, los organizadores recibían a todos los nominados, presentadores y las estrellas invitadas para organizar su entrada en la alfombra. El lugar estaba lleno de caras conocidas: la crema y nata de la televisión de los Estados Unidos. Allí esperaban su turno de caminar por la alfombra los conductores de los programas de entrevistas más importantes, actores de novelas y muchas de las celebridades que siempre veo en las revistas. ¡Antes de entrar a la alfombra hasta me di el gusto de tomarme una foto con Elmo, mi estrella favorita de Plaza Sésamo!

Caminar la alfombra de un evento como los Emmys es toda una experiencia. Mires hacia donde mires hay flashes y cámaras. Todo es apuro, frenesí y sucede en medio de un griterío. En cuanto terminamos de tomarnos las fotos y entrevistarnos con los medios, me tomé un respiro y decidí hacer un vídeo para los seguidores de *SuperLatina*. Quería compartir el momento con ellos. En definitiva, fueron ellos los que con su apoyo me habían permitido el privilegio de estar allí.

Cuando bajé el teléfono para guardarlo en la cartera, me encontré cara a cara con un rostro familiar. Extremadamente familiar. Era Larry King. El entrevistador más emblemático en la historia de la CNN y probablemente el más famoso del planeta se encontraba parado frente a mí. King estaba nominado en dos categorías y había llevado a su esposa y a toda su familia a fin de que lo acompañaran en este gran día. Para alguien como yo que se dedica a producir programas de entrevistas fue un gran honor poder conocerlo en la alfombra roja.

Ni bien llegamos a la ceremonia, la producción de los Daytime Emmys nos recibió y nos indicó en qué mesa estaríamos sentados. Se trataba de un salón enorme y majestuoso. En el frente estaba montado un escenario espectacular con pantallas gigantes, custodiadas a ambos extremos del decorado por estatuillas del premio Emmy de varios metros de altura.

Una de las cosas que primero notamos al llegar a nuestra mesa fue que habíamos tenido suerte con la ubicación. Desde nuestro lugar, teníamos el escenario cerca, así que íbamos a poder apreciar el show en toda su gloria.

Sobre cada plato descansaba un cuadernillo con el programa del evento. Al chequearlo, descubrimos que las dos categorías en las que competíamos estaban entre las diez primeras que anunciarían esa noche. Para bien o para mal, pronto nos enteraríamos de nuestra suerte.

Mandé un mensaje a través de las redes sociales para compartir con nuestros seguidores, la familia y los amigos que ya estábamos en la ceremonia, listos para disfrutar del show. A mi teléfono no paraban de llegar mensajes de buenos deseos. De repente, se apagaron las luces y nos pidieron que nos mantuviéramos en silencio. ¡Estaba comenzado el show!

Mario López, el presentador de Access Hollywood, nos dio la bienvenida desde el escenario. Mientras disfrutaba distendida del número de apertura, sentí que alguien me tocaba la espalda. Al darme la vuelta vi en la oscuridad a una mujer en cuclillas con audífonos e intercomunicador. Era una de las productoras del show.

—Por favor, que el equipo de *SuperLatina* no se levante de la mesa ni vaya al baño ahora. Faltan minutos nada más para la categoría "Mejor programa de entretenimiento en español" donde ustedes compiten. Necesitamos que todos los nominados permanezcan en su asiento —me dijo entre susurros.

Le aseguré que así sería. En ese momento, toda mi actitud serena se fue por la ventana y ya no pude seguir prestándole atención al show. Andy y yo comenzamos a intercambiar miradas nerviosas mientras intentábamos interpretar los movimientos que veíamos a nuestro alrededor. La realidad es que nunca habíamos considerado seriamente la posibilidad de que fuéramos a ganar. *¿Y si justo hoy era el día en que David vencía a Goliat?*

—Gaby, solo falta un par de minutos para nuestra categoría. ¿Quieres practicar el discurso por si acaso? —me ofreció Andy amoroso.

Como siempre, había llevado mi discurso en un papelito, pero no lo había sacado de mi cartera. Desenrollé el papel e intenté comenzar a repetirlo en voz baja. Mientras tanto, en el escenario los personajes de Plaza Sésamo y Mario López seguían hablando, pero mi cerebro ya los había silenciado.

—Estas manos que sostienen hoy un Emmy… Estas manos que sostienen hoy un Emmy…

Solo pronunciar la frase inicial del discurso me hacía quebrar la voz y no podía seguir. Era una situación totalmente absurda. ¡No había ganado ningún Emmy y ya estaba llorando en la mesa!

Los ejecutivos de las cadenas estadounidenses que compartían la mesa con nosotros miraban de reojo la escenita sin entender nada.

—Gaby, por favor, enfócate. Está muy lindo el discurso que preparaste, pero si te echas a llorar a la primera frase, no vas a poder decir nada —me dijo con firmeza Andy, mirándome a los ojos.

—Estas manos que sostienen hoy un Emmy son las mismas manos... son las mismas manos...

Seguí intentando decir el discurso, pero se me hacía un nudo en la garganta del nerviosismo y la emoción que no me dejaba ni hablar. De repente, sentí una luz potente que me encandilaba en la cara. Un camarógrafo se había parado al lado de nuestra mesa y nos apuntaba con su lente.

¿Qué quiere decir que este tipo nos esté apuntando así con la cámara? ¿Será que quieren capturar la imagen de los «buenos perdedores» aplaudiendo graciosamente? ¿O quizás se trate de algo más?

Había llegado el momento. Sobre el escenario anunciaron los nominados de nuestra categoría. Mientras corrían los vídeos, se escuchaban los gritos y aplausos para alentar a cada uno de los candidatos. Andy y yo nos tomamos con fuerza de la mano.

Entonces desde el escenario resonó la famosa frase que había escuchado tantas veces mientras miraba entregas de premios en mis pijamas desde casa:

«Y el ganador es...», se hizo un silencio que pareció durar una eternidad. «¡*SuperLatina* con Gaby Natale!».

En un segundo me cruzaron por la mente todos los desafíos que había vivido hasta llegar a este momento: los sacrificios de mis padres para darme una buena educación, la falta de trabajo justo después de haberme graduado de la universidad, la soledad de los primeros tiempos como inmigrante en una tierra desconocida, la incertidumbre del proceso de ciudadanía, las noches sin dormir editando historias cuando recién lanzamos el show, y los cientos de reuniones tratando de convencer a ejecutivos durante diez años de que un show independiente valía la pena.

No, yo no necesitaba un papelito para leer el discurso. Sabía muy bien lo que sentía. Así que subí al escenario y abrí mi corazón:

Estas manos que están sosteniendo hoy un premio Daytime Emmy son las mismas manos que hace diez años estaban sosteniendo una brocha y un bote de pintura para pintar la primera escenografía de nuestro show *SuperLatina*.

Junto a Andy Suárez, mi socio en la vida y los negocios, decidimos crear *SuperLatina* desde un depósito de alfombras en Odessa, Texas, solo motivados por la idea de producir una televisión que nos inspirara.

Así que este premio va dedicado a los soñadores, a los rebeldes, a los que se despiertan cada día y no permiten que nadie defina su potencial. Nunca pienses que eres demasiado viejo, gordo, feo, gay... o demasiado indocumentado como para hacer tu sueño realidad.

Quise dedicarle mi discurso al poder transformador de la esperanza puesta en acción. Porque lo que parecía imposible —que un pequeño show de televisión nacido en un depósito de alfombras se llevara el trofeo a casa— se había vuelto realidad.

Cuando terminé de agradecer, nos llevaron hasta atrás del escenario. Toda la situación era como si estuviéramos dentro de una película. Los productores del evento nos guiaron hacia los salones de prensa, donde nos esperaban reporteros de entretenimientos para entrevistarnos y tomarnos la foto oficial. Después de dar entrevistas y tomarnos fotos en los primeros tres salones de prensa, vi por el rabillo del ojo que nos estaban haciendo señas. Una productora toda agitada había llegado a la sala de prensa.

—Tú eres Gaby Natale. ¡Tienes que volver *ahora mismo* al área de la ceremonia! En un minuto se anuncia la otra categoría para la que estás nominada —me ordenó en un tono que parecía que estaba a un paso de tener un síncope.

Salimos los tres —la productora, Andy y yo— *literalmente* corriendo de los salones de prensa. Parecía que estaba en una maratón, pero sobre tacones y con un Emmy en la mano. Entre zancada y zancada Andy y yo nos mirábamos con cara de no entender nada de lo que estaba sucediendo.

Llegamos sin aliento a la parte de atrás del escenario justo para el momento en que en la pantalla gigante estaban mostrando los vídeos de los nominados. ¡Treinta segundos más y hubiera sido demasiado tarde!

«Y el ganador del Emmy al mejor presentador de la televisión en español es...», dijo la conductora, «¡Gaby Natale!».

¡Un Emmy a la mejor presentadora de la televisión en español! ¡Los sueños, la preparación, las ganas y la oportunidad se habían alineado!

Subí al escenario tratando de recuperar mi respiración, aturdida y sin poder creer todo lo que estaba pasando. Agradecí de manera improvisada (¡no tenía un segundo discurso preparado!) y bajé tratando de asimilar todas las emociones que había vivido esa noche.

Días más tarde, me enteré de algo que me llenó de orgullo. *SuperLatina* **había hecho historia: era la primera vez que un show independiente en español resultaba premiado en los Daytime Emmys.** Me dio mucho gusto pensar que este reconocimiento inédito pudiera animar a otras personas a creer en sus propios sueños.

A través de mis años de carrera me habían dicho más de una vez que para triunfar necesitaba ser diferente. Que para poder ganar mi espacio en la industria era necesario cambiar mi estilo, peso, apariencia... ¡incluso hasta mi acento!

Nunca les hice caso.

En la gran noche de los premios Emmys comprobé lo que siempre he sabido: *ser como verdaderamente somos es lo que nos hace campeones.*

CAPÍTULO 8

EL LÍDER: INSPIRA A TRAVÉS DE TU SUEÑO

Usa el amor como un puente.

—GUSTAVO CERATI

#ElCírculoVirtuoso

«El Líder
SE CONVIERTE EN
el cambio
QUE QUIERE VER
EN EL MUNDO».

@GabyNatale

 Tómale una foto y compártelo en las redes sociales usando #ElCírculoVirtuoso

El líder es el séptimo y último arquetipo de *El Círculo Virtuoso*. Llega a tu vida para que pongas tus logros al servicio de algo más grande que tú mismo. El líder inspira. Eleva conciencias. Es un agente del cambio positivo.

Junto al líder que hay en ti inspirarás a los demás al compartir con otros el sueño que lograste con el campeón, luchaste con el guerrero, perfeccionaste con el aprendiz, ejecutaste con el hacedor, planeaste con el arquitecto y visualizaste con el soñador.

El campeón y el líder no son iguales. El campeón logra triunfos, coloniza. El líder va más allá, edifica.

En la política, los negocios, el entretenimiento o el deporte —por nombrar solo algunos ámbitos— sobran los ejemplos de personalidades destacadas que a pesar de haber logrado mucho, velan solo por su propio interés. Se olvidan de que a mayor privilegio corresponde mayor responsabilidad.

Cuando esto ocurre, los campeones desaprovechan su oportunidad de convertirse en verdaderos líderes. Sus victorias, aunque sean grandes, se reducen a una mera colección de triunfos individuales. No abren la puerta para el avance de otros. Son conquistadores, pero no transformadores.

El líder se guía por un principio rector: convertirse en el cambio que le gustaría ver en el mundo.

Un líder siempre está un paso adelante. En los tiempos de oscuridad, su tarea es recordarnos que la luz todavía existe. Que la esperanza está viva. Que nuestra humanidad es un hilo invisible que nos une y prevalece por encima de cualquier diferencia que podamos tener los unos con los otros.

En los tiempos de luz, su tarea es recordarnos que la oscuridad todavía acecha. Que nunca hay que dar por sentado el progreso alcanzado. Que los sacrificios hechos valieron la pena.

Ser líder no es algo para unos pocos elegidos. *Dentro de cada uno de nosotros vive un líder en potencia esperando ser liberado.* Para despertarlo, necesitas descubrir tu propia luz y usarla a fin de ayudar a otros.

Tú ya conoces al líder. Es quien guía tus pasos cuando predicas con el ejemplo, cuando eliges hacer lo correcto por encima de lo que es fácil, o cuando defiendes al más vulnerable. Aun sin saberlo, lo pusiste de manifiesto cada vez que tuviste el valor de defender lo que es justo, aconsejaste a un buen amigo o le diste una palabra de aliento a alguien que tenía el alma en pena.

El líder te regala el don de la trascendencia. Te enseña que nadie es tan pequeño como para transitar esta vida sin causar ningún impacto en otros. Todos sin excepción tenemos una plataforma de influencia. Quizás sea solo una persona. Quizás sean tu familia y amigos. Quizás sean millones de seguidores.

El tamaño de la plataforma no importa. Lo que sí importa es que descubras que dentro de ti tienes la capacidad de *ser* el cambio. La libertad, la convicción, la creatividad, la determinación y la valentía que necesitas para trascender están ahí. Eres mucho más poderoso de lo que crees. Bajo tu piel *ya existe* el potencial ilimitado para tocar la vida de otros. Úsalo.

Oración para la hora de la decisión

Señor ayúdame a decir la verdad delante de los fuertes
y a no decir mentiras para ganarme el aplauso de los débiles.

Si me das fortuna, no me quites la razón.
Si me das éxito, no me quites la humildad.
Si me das humildad, no me quites la dignidad.

Ayúdame siempre a ver el otro lado de la medalla.
No me dejes inculpar de traición a los demás
por no pensar igual que yo.
Enséñame a querer a la gente como a ti mismo
y a no juzgarme como a los demás.

No me dejes caer en el orgullo si triunfo.
Ni en la desesperación si fracaso.
Más bien recuérdame que el fracaso es la
experiencia que precede al triunfo.

Enséñame que perdonar es lo más grande del fuerte
y que la venganza es la señal más primitiva del débil.

Si me quitas el éxito, déjame fuerza para triunfar del fracaso.
Si yo faltara a la gente, dame valor para disculparme
y si la gente faltara conmigo dame valor para perdonar.
Señor si yo me olvido de ti, no te olvides nunca de mí.

—Oración apócrifa frecuentemente atribuida a Mahatma Gandhi

LA MISIÓN DEL LÍDER: SER EL CAMBIO

Ser el cambio significa convertirte en un espejo de aquellas cualidades que te gustaría encontrar en el mundo. Permitir que tu grandeza tome el control de tu vida. Hacer de tu lado más elevado el timón del barco.

Recuerda que nada habla tan fuerte como nuestras acciones. El único legado verdadero que tenemos es nuestra propia vida. Transfórmala en un poderoso megáfono predicando con el ejemplo.

Si ansías que en el mundo haya más amor, ¿por qué no transformarte tú también en expresión de ese amor? Un acto de amabilidad hacia un extraño en la calle, una llamada sorpresiva para expresarle tu gratitud a alguien que se siente olvidado o simplemente una ayuda a quien esté al comienzo de un camino que tú ya hayas transitado son maneras simples de expresar al líder que vive en ti.

Al recorrer el camino del líder notarás que estás poniendo tu experiencia y tus logros al servicio de algo más grande que tú mismo. Experimentarás la satisfacción de transitar tu camino con la certeza de que no solamente eres un actor, sino también un instrumento. No tengas miedo de no saberlo todo. Déjate guiar por tu intuición. Recuerda que los líderes perfectos no son reales y los líderes reales no son perfectos.

Donde sea que te encuentres tienes oportunidad de hacer una diferencia. No te preocupes por el tamaño de tu círculo de influencia. Aquellos que creen que su impacto es demasiado pequeño para dejar una huella en este mundo, se olvidan de que siempre hay alguien mirando nuestras acciones.

Piensa en las personas que mayor influencia ejercieron en tu vida. Es posible que muchas de ellas no tuvieran el micrófono más grande del planeta, pero si el mensaje más atinado para ti.

En el hogar, el líder posee una audiencia más reducida, pero cuenta con el escenario más poderoso de todos: el de la cotidianeidad. Familiares, vecinos y compañeros de trabajo comparten el día a día contigo. Además, si tienes hijos o hermanos en formación, lo que haces es seguido con atención por uno —o varios— pequeños pares de ojos que te tomarán de referente para decidir lo que quieren imitar o evitar a la hora de tomar sus propias decisiones en el futuro. Nunca subestimes tu posibilidad de ser agente de cambio positivo en EL mundo y en TU mundo.

ALGUNAS SUGERENCIAS PARA ALIMENTAR AL LÍDER EN TI

SI QUIERES MÁS...	EN TU MUNDO	EN EL MUNDO
...IGUALDAD, CONVIÉRTETE EN AGENTE A FAVOR DE LA IGUALDAD	• Asegúrate de establecer reglas claras en tu casa para que tus hijos tengan iguales oportunidades y obligaciones. Esto se aplica —incluso— a las tareas de la casa. Si los niños están sentados mientras las niñas hacen todas las tareas domésticas, no hay igualdad. Si las niñas asumen que los niños el día de mañana deberán pagar por todo, tampoco. • Crea un hogar con tolerancia cero a los comentarios o chistes discriminadores en contra de cualquier minoría. • Elige para tus hijos juguetes, programas y entretenimientos que no refuercen estereotipos basados en género al estilo de «a los niños solo se les regala un carrito y para las niñas están las muñecas».	• Si tienes el privilegio de avanzar y ocupar una posición de mando, úsala para crear dentro de tu organización cambios que nivelen las oportunidades para todos. No subestimes el poder de un liderazgo que promueva la meritocracia y la igualdad. Tu sección o departamento debe convertirse en un modelo a imitar por el resto. • Calladitos no nos vemos más bonitos: alza tu voz en desacuerdo cuando seas testigo de situaciones de injusticia. • Si tienes posibilidad de contratar empleados o decidir ascensos, asegúrate de ofrecer igual compensación y oportunidades de crecimiento a quien esté mejor calificado para hacer el trabajo, independientemente de su género. • Súmate a organizaciones o campañas que apoyen la igualdad.

SI QUIERES MÁS...	EN TU MUNDO	EN EL MUNDO
...INCLUSIÓN, CONVIÉRTETE EN AGENTE A FAVOR DE LA INCLUSIÓN	• ¿Qué tan diversas son tus amistades? Proponte ampliar tu círculo para incluir personas que tengan un origen, religión, nacionalidad, sexualidad, edad, capacidad o punto de vista diferente. Verás cómo se expande tu mundo. • Enséñales a tus hijos el valor de apreciar diferentes culturas, costumbres y religiones. En la música, los viajes, la comida y el arte encontrarás maneras entretenidas de hacerlo. • Siembra en quienes te rodean una visión desprejuiciada de aquellas familias que estén constituidas de una manera no tradicional. En tus manos está el poder de que ellos también se sientan incluidos.	• Trata a las personas de la manera en la que a ELLOS les gustaría ser tratados, no de la manera en la que A TI te gustaría ser tratado. Esto incluye evitar comentarios y prácticas que pueden resultar ofensivos para otros como chistes y generalizaciones basadas en su grupo de pertenencia. • Crea un ambiente donde se celebre la diversidad y se promueva la empatía. Interésate por aprender más acerca de los desafíos que enfrentan aquellos grupos a los que quizás no perteneces. ¿Qué dificultades sufren quienes tienen una raza, religión, sexualidad, clase social, edad o condición de salud diferente a la tuya? • Apoya a líderes y organizaciones que hagan de la inclusión una prioridad en su agenda.

SI QUIERES MÁS...	EN TU MUNDO	EN EL MUNDO
...COMPASIÓN, CONVIÉRTETE EN AGENTE A FAVOR DE LA COMPASIÓN	• Cierra tus ojos e intenta encontrar en ti la capacidad de amar para desearle lo mejor a alguien que no se haya portado bien contigo. Recuerda que cada persona hace lo mejor que puede desde su nivel de conciencia. Perdona y verás que serás tú quien se sentirá liberado. • Siembra en tus hijos la capacidad de empatía y compasión por aquellos que son más vulnerables, incluyendo personas sin techo, ancianos y enfermos. Cada niño que desarrolla la compasión por los demás es un niño que no se convertirá en acosador.	• Como consumidor tienes un gran poder. Puedes usar tu dinero para comprar tus productos a compañías que ofrezcan condiciones de empleo dignas a quienes trabajan en sus fábricas. • La compasión con el planeta y con los animales también comienza por casa. Puedes reciclar o realizar cambios en tu dieta para hacer del mundo un lugar más sustentable. También puedes evitar ver shows que exploten a los animales como entretenimiento.

DE PISAR CABEZAS A UNIR CABEZAS: LOS LÍDERES QUE NECESITA EL MUNDO

UNA VELA NO PIERDE NADA DE SU LUZ POR ENCENDER A OTRA.

—ANÓNIMO

Durante años, parecía que el único modelo posible de llegar a la cima era el de cuidarse las espaldas y escalar pisando cabezas. Desde *American Psycho* hasta *El diablo se viste a la moda*, sobran los ejemplos en la ficción que describen personajes con una carrera ascendente y grandes triunfos construidos a costa de los demás. Se trata de un mundo en el que los «triunfadores» solo pueden alcanzar el tope de su profesión si sacan del medio como sea a competidores y adversarios.

Para estos «sociópatas corporativos» de película, el fin siempre justifica los medios. Mentir, quedarse con el crédito por el trabajo ajeno o culpar a los demás por los errores propios son solo herramientas para lograr su cometido. En definitiva, si alguien que se interpone entre ellos y su meta es eliminado, se trata nada más que de un «daño colateral» en el camino al éxito.

Sin embargo, estos inescrupulosos personajes de película no fueron salidos de la nada. Ellos ejemplifican y tienen una relación directa con las aberraciones y los abusos de poder que lamentablemente ocurren de manera impune en muchas organizaciones.

Lo más preocupante es que a veces estos «triunfadores patanes» no son más que el resultado natural de las reglas del juego que establecen de forma implícita las organizaciones para las que trabajan. Tristemente, son las mismas instituciones las que a veces a la hora de establecer promociones crean un ambiente de todos contra todos confiadas en que de esta manera maximizarán el rendimiento individual de sus empleados.

Parte del asunto se remonta al modelo vertical de jerarquías inspirado en el ejército que adoptaron la mayoría de las organizaciones y empresas en el siglo veinte.

En ese rígido ecosistema, lo que buscaba cada jefe era pisar fuerte en su espacio de poder. Las características que eran consideradas deseables originalmente en un directivo estaban inspiradas en las de los caudillos. Y sus prioridades eran dos: (1) ejercer el control para que ninguno de «los de abajo» se rebelara y así poder ejecutar correctamente los planes y (2) tratar de cumplir lo mejor posible las órdenes de «los de arriba» en la escala jerárquica.

Como resultado de este esquema de relaciones, raramente se cuestionaban las opiniones de los que dirigían los equipos de trabajo o se tenía en cuenta la visión de quienes integraban «la tropa».

La buena noticia es que vamos camino a un cambio de paradigma. Los avances —tanto tecnológicos como de consciencia social colectiva— están convirtiendo rápidamente a estas arcaicas organizaciones y a los «psicópatas corporativos» en piezas de museo. La estructura de poder entre quienes son parte de una misma institución está cambiando, y lo que viene son modalidades de trabajo y organizaciones donde la colaboración va a tener un rol cada vez más importante.

Los líderes del mañana necesitan desarrollar la capacidad de poder escucharse y ayudarse unos a otros. Es a través del intercambio de información —y no del aislamiento— que surgirán las grandes ideas e innovaciones que los harán progresar.

Los líderes que quieran avanzar y garantizarse un futuro tendrán que centrar sus esfuerzos es unir cabezas, no en pisarlas.

En lo personal, estoy convencida de que estamos viviendo el mejor momento en la historia de la humanidad. Y no es porque viva en negación, mirando la realidad a mi alrededor con cristales color de rosa desde una nubecita. Soy bien consciente de que aún falta mucho trabajo por hacer para tener un mundo mejor y eliminar las desigualdades que existen en nuestro planeta. No obstante, a pesar de todo, siento que hay muchas razones para ser optimista.

Los últimos doscientos años han sido los más transformativos de la historia en términos de cambios sociales y tecnológicos. Pasamos de un mundo donde se vivía en esclavitud y la expectativa de vida era de cuarenta años, a otro donde la mayoría de la población global vive en la democracia, la expectativa de vida se duplicó, y billones de personas pueden comunicarse entre sí a través de Internet. Desde el voto femenino hasta el matrimonio igualitario, lo que antes nos parecía utópico hoy está en el reino de lo posible.

Vivimos en un mundo imperfecto, pero con una consciencia colectiva notablemente más elevada que antes. Los bienintencionados

—que son mayoría— están en ascenso. Los «hacedores patanes» están en retroceso.

Una de las pruebas más fuertes de este avance es que las sociedades comienzan a plantearse de manera masiva preguntas que nunca antes en la historia se habían hecho: *¿Cuáles son las condiciones de empleo de la persona que fabricó este producto? ¿Mi estilo de vida es beneficioso o perjudicial para el planeta? ¿Es correcto que los animales sean usados como entretenimiento en circos, corridas de toros o cotos de caza?*

Todas estas preguntas tienen un denominador común: la certeza de que todos estamos interconectados. Cada vez hay más gente que entiende que no se puede construir usando como cimiento el dolor ajeno.

En el plano laboral, por ejemplo, estamos comenzando una transición hacia un modelo donde la información fluye libremente y las recomendaciones de clientes, colegas, compañeros de equipos y hasta antiguos colaboradores jugarán un rol fundamental. Ya no será solamente la opinión de tu jefe o las evaluaciones anuales de la empresa las que decidan cuál es el abanico de oportunidades posible para un trabajador. En la era de las redes sociales, el karma —personal y laboral— viaja a velocidad supersónica. Todo lo bueno y lo malo que hayamos hecho en nuestro camino está cada vez más documentado y a un clic de distancia de hacerse público.

No hace falta ser un candidato presidencial con un ejército de muertos en el ropero para que el pasado oscuro de alguien salga a la luz. Ya están dadas las condiciones técnicas para que cada empleado, colega o cliente tenga la capacidad de compartir su evaluación sobre nuestro desempeño de la misma manera que hoy podemos dejar nuestra crítica a un restaurante o una película recién estrenada.

Las nuevas generaciones sueñan menos con unirse a grandes compañías multinacionales y más con emprender sus propios proyectos. Hay cada vez más trabajos que dependen poco y nada del lugar geográfico donde resida el trabajador y más del talento y la red de relaciones, tanto reales como virtuales, que pueda construir.

No caigas en la trampa de pensar que convirtiéndote en un «triunfador patán» llegarás más lejos. Ser un patán no solo está mal. También es cortoplacista.

Es la red de relaciones —y no solo la relación con los jefes— la que se convertirá en clave para progresar. Es por eso que las elecciones que hagamos cada día con respecto a los demás son más importantes que nunca.

**Recuerda que un verdadero líder
no solo ilumina. También inspira a los
demás a descubrir su propia luz.**

La palabra autorizada

Entrevista a Deepak Chopra

Conversando con el autor y filósofo Deepak Chopra en su oficina privada de Carlsbad, California. Deepak es el único invitado que, literalmente, me dejó sin palabras.

El principio que rige al líder —el de poner nuestros logros al servicio de los demás— marcó un antes y un después en el destino de Deepak Chopra.

Desde el momento en que Chopra decidió abrazar su verdad y compartirla con el mundo, su vida dio un vuelco de ciento ochenta grados. Poner su conocimiento al servicio de otros le trajo un éxito y una abundancia inesperada a este médico inmigrante de origen indio que llegó a los Estados Unidos con veinticinco dólares en el bolsillo.

Sin embargo, el camino al éxito no fue fácil. Antes de convertirse en autor de libros que han sido récords de ventas internacionales y en consejero de estrellas como Elizabeth Taylor, Michael Jackson y Lady Gaga, Deepak debió luchar con los prejuicios de los que no confían en alguien con origen o ideas diferentes.

En cuanto pisó suelo estadounidense, Chopra quedó muy impactado con su nueva patria.

«En Estados Unidos veía que había mucha opulencia. Era la tierra de los sueños. Pero también había racismo e intolerancia», me confiesa Deepak en su oficina privada del Chopra Center, donde nos recibe para nuestra entrevista.

Al principio, Deepak intentó recorrer el mismo camino que el resto de los doctores que lo rodeaban: terminó su residencia y abrió su propia oficina médica. Durante esos primeros años en Estados Unidos todavía no había incorporado las técnicas de la medicina alternativa y el bienestar que lo catapultaron a la fama global.

Luego de abrir su propia oficina médica, Chopra comenzó a tener cada vez más trabajo. Poseía dinero, estatus y una carrera establecida. Había logrado todo lo que los estándares de la sociedad dictan como la receta del éxito y la felicidad, pero no era feliz. Se fumaba dos paquetes de cigarrillos al día.

Vivía estresado e insatisfecho. Algo le faltaba a su vida. Un propósito.

Durante un viaje a la India, comenzó a profundizar más en todo lo relacionado con la meditación trascendental y la medicina ayurvédica. Decidió seguir su propio corazón y comenzar a incorporar esos nuevos conocimientos. Primero los puso en práctica en su vida personal, y luego en su ejercicio de la medicina.

A sus pacientes les encantó este nuevo enfoque que había llevado a su clínica. Sus colegas, en cambio, le dieron una fría acogida a la visión no convencional de Chopra. Deepak sintió que la comunidad médica le daba la espalda.

«Mientras más intentaba convencerlos de mi visión, menos éxito tenía en hacerlo. Un día me di cuenta de que estaba perdiendo mi tiempo», comentó Deepak.

A pesar de que él insistía una y otra vez, no lograba convencer a otros médicos del valor de la medicina alternativa. Mientras más énfasis hacía en el tema, más resistencia encontraba.

«El miedo más grande que tuve que superar fue la necesidad de contar con la aprobación de los demás», confesó el gurú espiritual. «Me llevó un largo tiempo dejarlo atrás».

La aprobación que tan desesperadamente buscaba Deepak en esa época era la de sus colegas. Es que su visión particular de la medicina —una en la que se mezclan prácticas milenarias con técnicas de avanzada— era considerada con desconfianza por parte de los doctores convencionales que trabajaban junto a él en el hospital de Nueva Jersey. En esa época (las décadas del 1970 y 1980) aún eran pocos los que habían escuchado hablar de la medicina alternativa.

Fatigado, Chopra decidió seguir su camino y dejar de hacer esfuerzos para encontrar la validación de sus colegas. De aquí en adelante se centraría solo en ser fiel a su visión y compartir sus conocimientos con sus pacientes. Para eso, comenzó a escribir libros a fin de comunicarles su visión particular de la medicina a otros.

El resto es historia. Sus libros se volvieron tan populares que se tradujeron a más de cincuenta idiomas diferentes y lo convirtieron en toda una sensación alrededor del planeta. Las puertas de la oportunidad, la abundancia y una vida con un propósito se abrieron cuando Chopra confió en su grandeza y compartió con el mundo sus conocimientos. Liberarse de la necesidad de buscar la aprobación de los otros y abrazar su verdad resultó ser la clave del éxito de Deepak.

A partir de ese momento, comenzó a inspirar a otros con su historia y su convicción de que dentro de cada uno de nosotros vive una chispa sagrada que debemos cultivar.

«Todos tenemos un potencial divino. Un potencial infinito. Solo hace falta tomarse el tiempo para ponerse en contacto con nosotros mismos», me dice antes de despedirse.

En profundidad

Visita www.elcirculovirtuoso.com para ver la entrevista completa de media hora con Deepak Chopra. Deepak comparte con Gaby:

- Su historia como inmigrante en Estados Unidos.
- Detalles de su relación como consejero de grandes personalidades como Lady Gaga, Liz Taylor y Michael Jackson.
- El paso más importante que debe dar alguien que busca iniciar el camino de la transformación personal.
- Su mejor consejo para lograr un matrimonio exitoso y duradero.

En primera persona

Compartiendo mi historia e inspirando a otros

Las mesas ya estaban llenas. Cientos de personas esperaban que comenzara el evento. Entre ellas, en primera fila, ocupó su asiento la desconocida. Concentrada en mis pensamientos, no reparé en su persona. El director de escena me dio la señal de que había llegado mi turno y era el momento de llevar a cabo mi presentación.

Subí al escenario, respiré hondo y comencé a hablar con el corazón abierto de par en par. Ya no quería ir a lo seguro. Quería mostrarme tal cual era, con mis aciertos, mis errores y mis momentos vulnerables.

Así que tomé el micrófono y empecé a hablar sin parar. Compartí la vergüenza que me dio pasarme un año y medio desempleada ni bien me gradué de la universidad en el año 2001. Les conté de mi enojo frente al 21% de desempleo que vivía la Argentina, mi país natal, de las marchas y la indignación por los muertos en las calles, y del desánimo que sentimos al ver pasar cinco presidentes en diez días. Las palabras fluían sin esfuerzo y me sentí en comunión con el público. Desde la primera fila, un par de ojos femeninos comenzaban a prestarme una atención especial.

Confesé que en los peores momentos me pasaba días enteros en pijamas. Buscaba trabajo sin tener suerte, y con el correr de los meses empecé a angustiarme. Comencé a pensar que esa falta de resultados era un reflejo de mi valor como persona. Estaba presa de un círculo vicioso: como no lograba resultados, me deprimía, y cuanto más me deprimía, más difícil era lograr resultados.

Les conté del día en que casi me doy por vencida. Una amiga me había llamado para pedirme que por favor trabajara gratis como ayudante en una conferencia de mercadeo político. Le contesté que sí, pero me sentí una fracasada. *¿Para qué había estudiado tanto?*

Photo by Robson Muzel

Durante mi presentación en la conferencia *WeAllGrow* que se lleva a cabo cada
año en California. Sin saberlo, esta charla cambiaría mi vida y marcaría el principio
de un camino que me llevaría a publicar este libro que estás leyendo.

*¿Para terminar moviendo sillas y dando volantes sin siquiera reci-
bir pago?* Lo peor de todo era que mis compañeros que habían
conseguido trabajos reales en empresas estarían allí como invitados y comprobarían que yo me había convertido en «toda una per-
dedora». Por suerte, una llamada de mi mamá me hizo recapacitar
para que no cancelara mi compromiso. Al día siguiente, fui a trabajar
con mi mejor actitud aunque no recibiera un centavo por mi tarea.
Resultó ser el día que cambió mi suerte, porque a último minuto el
traductor del evento canceló su presencia y me asignaron la tarea de
intérprete para una delegación de profesores que venía de Estados
Unidos. Esos profesores fueron los que comenzaron a darme trabajo y con el tiempo me ofrecieron una posición a tiempo completo en
Washington DC. Se trató de una gran lección de la vida.

Seguí la voz del entusiasmo, boté el «qué dirán» por la ventana
y hablé sin tapujos. ¡Compartir mi historia fue lo mejor que podría
haber hecho!

Antes de despedirme, les dejé el consejo que siempre ofrece mi mamá en épocas de crisis: «Da lo mejor de ti mismo, porque nunca sabes cuál va a ser el día en que la oportunidad golpee a tu puerta». Bajé del escenario sin imaginar cuán profético sería ese consejo de mamá Cristina.

El público se conectó con el mensaje y el discurso fue todo un éxito. En la primera fila, la desconocida ya había tomado una decisión.

Tac... se cerraba el círculo.

Al día siguiente, tomé mi vuelo de regreso a casa. Volé con el corazón contento por haber enfrentado mis miedos y haber seguido la voz del entusiasmo. Me di crédito por haber podido saborear el momento, más allá de los resultados.

Días más tarde, recibí una carta que me dejó con la boca abierta. Una mujer que había estado entre el público de *WeAllGrow* había quedado impactada con mi historia. La «desconocida» de la primera fila, que había volado desde la otra punta del país para asistir a la gala de *StoryTellers*, se llamaba Aleyso y era agente literaria. Quería representarme y que trabajáramos juntas para convertir mi mensaje en un libro.

Nos reunimos en Miami para ultimar detalles y conocernos en persona. Le conté que hace años estoy haciendo entrevistas y recapitulando historias personales a fin de hacer un manual de transformación personal. Ya tenía todo pensado para el libro... hasta el título. ¡Solo faltaba que nos conociéramos!

Menos de tres meses más tarde, *El Círculo Virtuoso* ya tenía ofertas editoriales. Nunca habría pensado que el destino iba a recompensar de manera tan generosa el pequeño acto de valentía que representó aquel ejercicio de fin de año. Esa fue la semilla del libro que hoy estás leyendo.

Este libro también dio su propia vuelta en *El Círculo Virtuoso*. Lo visualicé sentada en el patio de mi casa libreta en mano, como cualquier *soñadora*. Cual *arquitecta*, planeé la estructura y los mensajes de cada capítulo. La *hacedora* en mí se pasó meses escribiendo, mientras la *aprendiz* miraba de reojo y pedía que realizara algunas reescrituras a fin de perfeccionar los capítulos cuando algo no la convencía.

Mi *guerrera* interna fue quien perseveró en esas horas en que la pantalla en blanco me saludaba del otro lado de la computadora y las musas brillaban por su ausencia. Y cuando la preparación, las ganas y la oportunidad se alinearon, surgió la *campeona*, encontrándose en su camino con una casa editorial que le dio luz verde al proyecto.

Finalmente, es la *líder* en mí la que me exige compartir mi camino a fin de inspirar a otros, dejando a un lado miedos y vergüenza para que lo que quede plasmado en este libro sea un testimonio honesto de lo que viví y pueda resultarle útil a alguien más.

Cuando recibí la confirmación de que este libro iba a salir finalmente a la luz, me emocioné y recordé todos mis temores antes de mandar el vídeo para entrar al concurso. Y pensé en esas dos voces —la del miedo y la del entusiasmo— que se batieron a duelo en mi corazón y mi mente.

En ese momento, recordé una de mis fabulas favoritas: la leyenda cherokee de los dos lobos. Palabras más, palabras menos, la misma dice así:

Una mañana, un viejo cherokee le contó a su nieto acerca de una batalla que ocurre en el interior de todas las personas.

—Hijo mío, en cada uno de nosotros viven dos lobos que se baten a muerte —le dijo—. Uno es malvado: es el lobo del miedo, la ira, la envidia, los celos, la tristeza, el pesar, la avaricia, la arrogancia, la autocompasión, la culpa, el resentimiento, la soberbia, la inferioridad, las mentiras, el falso orgullo, la superioridad y el ego.

Y luego continuó:

—El otro lobo es bueno: es el del entusiasmo, la alegría, la paz, el amor, la esperanza, la serenidad, la humildad, la bondad, la benevolencia, la amistad, la empatía, la generosidad, la verdad, la compasión y la fe.

El nieto meditó por un minuto y luego le preguntó a su abuelo:

—¿Qué lobo es el que gana?

—Aquel que tú alimentes —respondió el sabio viejo cherokee.

Así lucían las tarjetas de presentación de los oradores en la conferencia WeAllGrow.

Conclusión

DE *EL CÍRCULO VIRTUOSO* A LA ESPIRAL VIRTUOSA

Acuéstate y duérmete para despertar
Sonriente y feliz
Despiértate, levántate para cansarte
Y volver a dormir
El círculo da la vuelta
Y al terminar, la vuelve a dar...

—KEVIN JOHANSEN[4]

4. Kevin Johansen, «El círculo», *The Nada* (Buenos Aires: Warner Chapell Music Argentina, 2000).

#ElCírculoVirtuoso

«LO QUE BUSCAS
Ya está en ti,
LIBÉRALO».

@GabyNatale

Tómale una foto y compártelo en las redes sociales usando **#ElCírculoVirtuoso**

Tenemos la capacidad de ser nuestros saboteadores más grandes o nuestros mayores potenciadores. Al final del día, la elección es nuestra.

El tiempo que nos quede en el planeta pasará igual, sea cual sea nuestra decisión. Sin embargo, una cosa es cierta: no vinimos a este mundo para transitarlo siendo una versión empequeñecida de nosotros mismos. Nuestra misión es encontrar nuestra luz, hacerla brillar y compartirla con los demás.

El Círculo Virtuoso nos enseña que la grandeza ya está dentro de nuestro ser. Es nuestro estado natural. Somos nosotros los que con nuestros prejuicios, inseguridades y miedos frenamos su manifestación. Nuestro trabajo es remover todas estas cosas que nos dañan capa por capa a fin de convertirnos en la mejor versión de nosotros mismos. Para eso:

- **Visualiza** lo que tengas que visualizar.
- **Planea** lo que tengas que planear.
- **Ejecuta** lo que tengas que ejecutar.
- **Perfecciona** lo que tengas que perfeccionar.
- **Persevera** en lo que tengas que perseverar.
- **Logra** lo que tengas que lograr.
- **Inspira** lo que tengas que inspirar.

Y cuando termines de darle la vuelta *a El Círculo Virtuoso*, vuelve a comenzar. Haz de tu vida una Espiral Virtuosa donde el soñador que hay en ti se transforme en líder compartiendo su luz... y donde tu yo líder vuelva a convertirse en soñador al enfrentar cada nueva meta o desafío.

El cambio es lo único constante en nuestra evolución. A todo final le sigue un comienzo. A todo comienzo le sigue un final.

Recuerda que cuando tú te abres al mundo, el mundo se abre ante ti. Por eso es importante que empieces ya mismo. Comienza tu revolución personal. Da ese salto de fe. No permitas que nadie más que tú mismo defina cuál es tu potencial.

Para mí, escribir este libro también significó dar una vuelta en *El Círculo Virtuoso*. Hay muchas cosas de mi vida en este momento que presiento como ciclos que comienzan, mientras que otros se van cumpliendo. Escribo estas últimas líneas completando una vuelta que llega a su fin. Y le entrego este libro al mundo para que el mundo haga lo que quiera con él.

Mientras tanto, emprendo el humilde camino de comenzar una vuelta más en mi propio destino espiralado. Me pongo en los brazos del soñador para comenzar a visualizar cuáles serán los próximos horizontes de esta aventura que es vivir abrazando la incertidumbre y dejándome guiar por *El Círculo Virtuoso*.

Me despido con estas líneas que espero alivien tu alma y te animen a seguir confiando en tu grandeza aun en los momentos de turbulencia.

Cuando no encuentres el camino y te sientas rodeado de niebla, regresa a *El Círculo Virtuoso.*

En momentos de desesperanza,

visualiza y vuelve a ser soñador.

En momentos de caos,

planea y vuelve a ser arquitecto.

En momentos de indecisión,

ejecuta y vuelve a ser hacedor.

En momentos de deterioro,

perfecciona y vuelve a ser aprendiz.

En momentos de debilidad,

persevera y vuelve a ser guerrero.

En momentos de derrota,

agradece tus logros y vuelve a ser campeón.

En momentos de mezquindad,

inspira (compartiendo lo que sabes) y vuelve a ser líder.

Alimenta *El Círculo Virtuoso.* Confía en *El Círculo Virtuoso.* Déjate guiar por *El Círculo Virtuoso.*

Y nunca olvides que aquello que buscas, ya está en ti. Libéralo.

—Gaby Natale, 20 de diciembre de 2016

Al cierre de esta edición...

…Gaby Natale obtuvo su tercer premio Daytime EMMY, convirtiéndose en la primera conductora de la televisión en español de los Estados Unidos en ganar dos años seguidos el premio a la «Mejor Presentadora de Televisión».

En su discurso de aceptación, Gaby le dedicó su premio a la belleza de la diversidad, porque nunca olvidó que los grandes sueños pueden comenzar en lugares tan insólitos… como un depósito de alfombras.

Referencias

Johansen, Kevin. «El círculo», *The Nada*. Buenos Aires: Warner Chapell Music Argentina, 2000.

Keith, Kent. *Los mandamientos paradójicos. Cómo hallar el sentido personal en un mundo loco*. Madrid: Editorial Temas de Hoy, 2002.

Mill, John Stuart. *Sobre la libertad*. Madrid: Editorial Monillos, 2014, p. 234.

Nervo, Amado. «En paz», *Antología Poética*. México: Editorial Océano, 2014, p. 264.

Agradecimientos

Este libro no existiría si no fuera por una larga lista de personas que, a lo largo de mi vida y mi carrera, me han ayudado desinteresadamente, sin esperar nada a cambio. Aquí van mis incompletísimas gracias totales, como dijo Gustavo, en orden más o menos cronológico. En primer lugar, les agradezco a mis padres, Roberto Natale y María Cristina Camelino, por darme una infancia hermosa, dos hermanos que amo, Francisco y Alejandro, y la libertad de descubrirme a mí misma en mis elecciones, de aprender de mis errores y crecer a pura sonrisa y puro tropiezo. Gracias a ambos por compartir sus puntos de vista como lectores para enriquecer el manuscrito. A mi gran amor, Andy Suarez. Gracias por las relecturas, por los mates ilimitados que cebaste durante la escritura del libro, por la paciencia frente a mis conversaciones casi monotemáticas durante meses acerca de *El Círculo Virtuoso,* pero fundamentalmente gracias por ser mi gran compañero en las buenas y en las malas. Recorrer este camino lleno de aventuras a tu lado fue lo más lindo que me pasó en la vida. Mi agradecimiento a mi familia, tías, tíos, primas y abuelos que me dan amor desde esta y otras dimensiones. Van mis gracias más profundas a mis amigas de La Plata, Carolina, Florencia, Valeria, Catiana, Lucía y Silvina, y de Buenos Aires, Paula, Natalia, María y la siempre presente Lucecita Bonadeo, por regalarme su compañía en persona y a la distancia desde hace décadas ya. Gracias a Martita y a la familia Suarez-Benitez por acompañar este proceso con todo su amor. Gracias a quienes me dieron esa primera oportunidad de venir a trabajar a los Estados Unidos, a Azteca TV de Hermosillo, Sonora por darme mi primera oportunidad de trabajar frente a cámara en tierra azteca. También le agradezco a todo el equipo de KUPB Univision West Texas por mi primer trabajo a tiempo completo como reportera. Muy especialmente, le doy las gracias a Barry Marks, en aquel entonces gerente general de CBS 7, por ofrecernos un espacio en MyTV16 de West Texas y un depósito de alfombras para crear nuestro primer show de SuperLatina; junto con Barry, también quiero reconocer a John Bushman, José, Kathy, Elías Hernández, Martin Gonzalez y tanta gente de CBS e ICA que nos ofrecieron su apoyo desde, literalmente, el principio de esta aventura que se llama SuperLatina. A Telemundo KWES y su gerencia que es nuestra casa (¡gracias por la calidez y el compañerismo de Patsy Casas y Luis Carlos!). Y ya que estamos en West Texas, no me quiero olvidar de mencionar al equipo MCH con Jacqui Gore a la cabeza y al del Small Business Administration de Odessa por ayudarnos con nuestro primer plan de negocios, y a Andy Espinoza, del American State Bank, por aprobar nuestro primer crédito para comenzar con SuperLatina. Mil gracias a Manuel Abud de Telemundo Dallas y a Miguel Villegas y todo el equipo de Azteca Dallas por ayudarnos con el crecimiento de SuperLatina, y a las incansables Ana Ruedaquinteiro y Doris Vogelmann de VME TV y a su jefe, Eligio Cedeño, por hacer realidad nuestro sueño de transformar aquel pequeño show que comenzó en un depósito de alfombras de Odessa en un show que hoy se ve por todo el país y ha ganado tres EMMYs. A La Gran Plaza de Fort Worth y Miguel Calera, gracias por tantos años de acompañar y apoyar nuestro crecimiento en la comunidad latina. Gracias a Paulina Magdaleno y todo nuestro querido #TeamSuperLatina de ahora y siempre incluyendo a Ana Cruz, Oscar Fierro, Leslie Rodriguez, Mayde, Jaime, Leo D'Almagro y Adriana Lopez. Va mi más profundo agradecimiento a Manny y Angela Ruiz, junto con todo el equipo de Hispanicize, por todas las conexiones y buenos consejos a lo largo de los años, y también muy especialmente a Ana Flores y su hermandad de WeAllGrow, por darme la oportunidad de compartir mi historia en el escenario de su conferencia. Y cómo no mencionar a la persona que en aquella conferencia de WeAllGrow escuchó esa historia y creyó en mi capacidad de crear este libro que hoy tienes en tus manos. Aleyso Bridger, gracias por confiar en mí y ver algo que ni yo misma había descubierto, y gracias por conectarme con la gente maravillosa de HarperCollins Español, Edward Benitez y Graciela Lelli, cuyo apoyo y dirección fueron invaluables. Gracias por confiar en mi visión y regalarme la posibilidad de tener mi primer libro publicado. Finalmente, quiero agradecerle a Dios por darme la fuerza y la claridad para perseguir mi sueño, a mi país natal, Argentina, por enseñarme el valor del pensamiento crítico y la irreverencia, y a mi país adoptivo, Estados Unidos, por demostrarme que sigue siendo la tierra de los sueños y las oportunidades.